国家社科基金项目(13BJL060)

新型工农城乡关系统筹构建研究

龚勤林　等 著

科 学 出 版 社
北 京

内容简介

实施乡村振兴战略，必须重塑城乡关系，走城乡融合发展之路。本书首先系统介绍了我国工农城乡关系演变及新型工农城乡关系构建背景、新型工农城乡关系的基本内涵、外在表现与理论基础；其次，通过构建新型工农城乡关系判别指标体系，从工农互促有效度与城乡发展协调度两个维度分省域进行新型工农城乡关系的判别，并开展新型工农城乡关系统筹协调的理论架构；然后基于产业空间与地域空间的属性及其相互作用，提出产业空间与地域空间协调的模式与机制，提出构建工农互促、多维协同的现代产业体系，构筑乡村振兴和新型城镇化双轮驱动的城乡融合发展格局，健全新型工农城乡关系统筹协调的一体化机制；最后阐述了新型工农城乡关系统筹构建的区域实现相关问题。

本书适合从事区域经济学、公共管理和行政管理的学者、教师、研究生阅读，也是各级党政机关公务员和政府相关部门工作人员学习的重要参考读物。

图书在版编目(CIP)数据

新型工农城乡关系统筹构建研究 / 龚勤林等著. — 北京：科学出版社，2021.10

ISBN 978-7-03-069177-4

Ⅰ.①新… Ⅱ.①龚… Ⅲ.①城乡关系-研究-中国 Ⅳ.①F299.21

中国版本图书馆 CIP 数据核字（2021）第 111441 号

责任编辑：莫永国 / 责任校对：彭　映
责任印制：罗　科 / 封面设计：义和文创

科学出版社出版
北京东黄城根北街16号
邮政编码：100717
http://www.sciencep.com

四川煤田地质制图印刷厂印刷
科学出版社发行　各地新华书店经销
*
2021年10月第　一　版　开本：787×1092 1/16
2021年10月第一次印刷　印张：8 3/4
字数：230 000

定价：99.00元

前　　言

工农、城乡关系是我国工业化和现代化进程中必然面临的重大关系，也是新时代促进区域协调发展和实现新时代高质量发展必须有效理顺的重大任务，更是实现“两个一百年”奋斗目标、实现中华民族伟大复兴的中国梦必须妥善处理的重大命题。

中华人民共和国成立伊始，我国实施了以工农产品价格“剪刀差”和城乡二元户籍制度为主要特征的以农哺工、城市优先的发展战略，快速建立起相对完备的国民经济体系，但客观上也造成工农相对分离的产业格局和城乡相对分割的空间格局，拉大了一些地区工农、城乡发展差距。改革开放以来，党和政府围绕探索形成适应中国发展阶段、发展水平和发展特点的中国特色工农城乡关系，连续出台多个以“三农”为主题的中央一号文件，聚力优化农村经济管理体制机制，促进乡村振兴，加速推进城镇化与工业化。在现代工业发展高歌猛进、现代服务业取得长足进展的同时，也应看到一些地区，农业发展方式传统、产业竞争力低下、经济收益低下的面貌并未根本改观；一些地区城乡空间发展“高低杠”，一方面，城市面貌日新月异、城市格局井然有序，另一方面，部分乡村面貌破败、乡村格局仍然散乱。个别地区产业调整和地域优化始终是“两张皮”，难以形成“一盘棋”。究其原因，乃是过去我们在理论认识上忽略了现实的经济活动同时具有产业与地域这两个浑然天成、一体两面的空间属性，疏忽了经济发展实质是产业活动和地域载体的有机耦合和协调互动，因而只是“单打一”地调整产业结构或者优化地域空间，并没有在思想认识和行动层面统筹协同推进产业结构调整和地域空间优化。以至于在实践中，一些地区轰轰烈烈地推进“造城运动”，严重忽视产业活动的跟进和合理布局，形成“卧城”等产业空心化现象；另一些地区“大干快上”进行各种工业示范区、工业集中区、产业园区建设，大搞“产业集中”，主观并且单一地集中布置工业，客观忽视了地域空间调整和功能分区优化，引发生产空间拥挤、生活空间狭窄、生态空间恶化等空间弱质性问题，背离了人们追求高质量生产空间、生活空间和生态空间的初衷。

为此，党的十八大报告指出，全面建成小康社会必须“形成以工促农、以城带乡、工农互惠、城乡一体的新型工农、城乡关系”。2018 年中共中央一号文件进一步明确提出，要建立“工农互促、城乡互补、全面融合、共同繁荣的新型工农城乡关系”。党的十九大报告则首次提出实施乡村振兴战略，明确要“建立健全城乡融合发展体制机制和政策体系，加快推进农业农村现代化”，开启了城乡融合发展新篇章。

现实、理论和时代背景下的新型工农城乡关系统筹构建，就是要实现工农系统与城乡系统的耦合协调，稳妥地处理好三重关系。一是产业内部农业、工业和服务业的互补互促，二是地域空间内大城市、中小城市、中心镇与乡村的一体融合发展，三是经济活动与地域空间高质量、有效率地相互支撑。换言之，就是现代工业和现代服务业以先进装备、优势资金和技术人才等积极反哺农业产业并促进农业现代化，农业则以原材料和富余劳动力延伸进入工业和服务业领域，实现三次产业互促互补、协调发展；城市以资金、信息、技术、人才等优势要素和先进理念有效辐射广大乡村，乡村用广阔消费市场和巨大资源环境容量有力支持城市，推动乡村振兴与新型城镇化同步协调；制定城乡一体化发展规划、构建沟通三次产业并链接城乡两个地域单元的城乡产业链，促进产业发展与地域载体的有机耦合，实现工农、城乡全面融合和共同繁荣。

本书的研究意义在于，立足新时代高质量发展要求，着眼全面建成小康社会和实现"两个一百年"奋斗目标，直面我国工农、城乡关系发展的客观现实，分析全面建成小康社会的关键领域，探寻推进新型工农城乡关系统筹构建的理论内涵、作用机理及其推进路径，探讨新型工农城乡关系的区域分异，因地制宜探索统筹构建新型工农城乡关系的现实道路，探究产业空间和地域空间的耦合机制和协同路径，推动区域科学研究方法的创新。

本书以马克思主义理论为指导，按照"形势要求—现状评判—三元展开—区域实现"的框架展开分析和研究(图 0-1)。

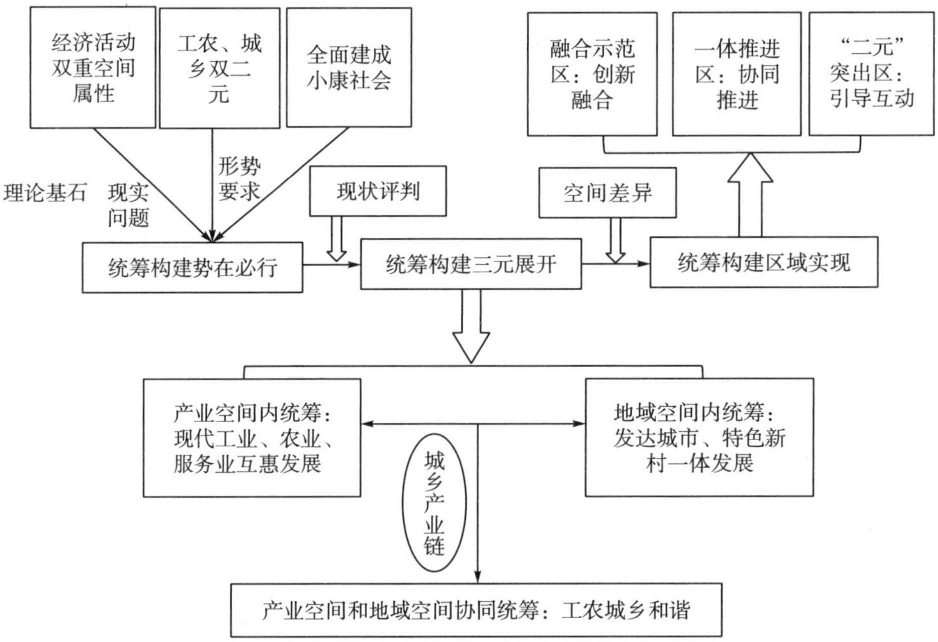

图 0-1　研究框架图

本书的创新与贡献主要体现在 6 个方面。

(1)符合高质量发展要求的新型工农城乡关系是工农产业平等互利、城市乡村和谐共融、产业与城乡相互支撑的发展形态。新型工农城乡关系是适应高质量发展要求，三次产业互惠互利协调发展、现代城市和特色新村空间交融、产业发展与地域载体互相支撑的状态。

(2)经济活动同时具有产业空间和地域空间两个维度，新型工农城乡关系不能单兵突进，必须统筹构建。一些地区的工农城乡二元结构的根源在于地域空间和产业空间的失调，因此推进地域空间和产业空间协调发展是构建新型工农城乡关系的关键所在。新型工农城乡关系的统筹构建，就是要推动城乡地域和工农产业两个空间的统筹协调，即产业空间、地域空间、产业空间与地域空间的三元展开，既包括产业空间内现代工业、现代农业和现代服务业的互促互动、协同发展，也包括地域空间内现代城市和特色新村的互补融合、一体发展，更包括经济活动与地域空间的相互支撑、高质量协同，这三个有机联系的内容相辅相成、三位一体。

(3) 判断新型工农城乡关系发展水平和状态，要以工与农、城与乡、工农产业空间与城乡地域空间三个层次关系的统筹协调内在要求为基础，将工、农、城、乡四个彼此相对独立的子系统整合为工农、城乡两个子系统进行评价，从而实现对工农城乡融合发展现实状态、瓶颈问题及动态趋势的精准研判。

(4) 构建新型工农城乡关系，既要求工农产业的融合发展，又依赖城乡空间的协同共进，需要通过工农产业空间和城乡地域空间的内部均衡与外部协调共同推进。

(5) 新型工农城乡关系统筹构建的理想途径和现实手段是城乡产业链。新型工农城乡关系的内核是产业空间和地域空间的同步协调，构建有序延展于城市和乡村两个地域单元，有效链接现代农业、工业和服务业三次产业，有序推进城乡经济活动和城乡地域载体两重空间有机耦合的城乡产业链，是推进新型工农城乡关系统筹构建的理想而现实的手段。

(6) 新型工农城乡关系具有明显的空间分异性，分区域推进统筹构建是我国立足区域差异客观现实，着眼高质量发展要求和全面建成小康社会的现实可行选择。

本书的不足之处在于：①本书力图设计实证检验工农城乡关系发展状态的指标体系，但存在只能获取省级数据而较难系统获得地市级数据的客观现实，因而只能基于省级数据设计目前的新型工农城乡关系识别与评价指标体系，未基于地级市数据更加精准地对新型工农城乡关系发展状态展开评价；②本书对长三角地区、成都平原地区、秦巴山区这三个工农城乡关系发育程度差异明显的区域做了定性分析，但囿于相关数据可获得性弱，未能更加深入地对上述代表性区域的工农城乡关系水平进行定量分析和评价。

目　　录

第一章　我国工农城乡关系的形成、演变及突出问题

工农城乡关系的协调和升级是一个国家走向现代化和实现高质量发展的重大命题和关键内容。伴随工业化与城镇化的发展，非农产业在城镇集聚、农村人口向城镇集中，这是经济社会发展的客观趋势，也是国家现代化的重要标志。中华人民共和国成立以来，各种制度引导、经济利益调整促使人口和资源在产业部门间不断流动、在城乡空间上不断调整，工农城乡关系随之不断演变。当前，构建我国工农城乡关系的方针已经由“以农补工”调整为“工农互促”，城乡关系由“城乡分离”演化到“城乡互补”，但工农城乡二元关系格局整体上仍然没有被完全打破。如何在新时期构建新型工农城乡关系，是亟待解决的重大命题。

本章立足工农城乡关系的现实国情，梳理中华人民共和国成立以来工农城乡二元关系的形成与演进，探讨工农城乡关系二元演化的固有经济规律及其体制机制和政策原因，并总结国外在产业协调与城乡一体化发展方面的经验教训。

1.1　我国工农城乡二元关系的演进及其特征

工农城乡关系是一般经济发展规律与特定政策和体制机制共同作用形成的。在区域经济非均衡增长规律作用下，区域空间组织形态通常表现为“中心-外围”二元结构。区域空间结构的演变大致可以概括为：低水平的稳定“平衡”—二元性出现和增强—三元性出现和二元性减弱消失—高水平的稳定“平衡”(杜肯堂和戴士根，2004)。我国工农城乡二元关系的演进除了符合区域空间结构演进的一般经济规律外，还包括自身的两大特殊性：一是该二元关系是在西方工业文明与商品经济冲击的背景下逐渐形成的，中华人民共和国成立前我国工农、城乡关系逐渐形成的历史正是遵循这一特殊性；二是中华人民共和国成立初期，为迅速建立国民经济体系而实行的重工业优先发展方针，客观上影响了工农城乡关系。改革开放以来，我国工农城乡关系相继经历了农业发展对工业的短暂领先、二元结构继续发展、统筹协调趋势加快、互动融合加快推进四个阶段。当前，工农城乡二元关系呈现出城乡经济发展总体水平显著提升，但城乡发展差异仍然存在、城市对生产要素的虹吸效应明显等特征(表 1-1)。

表 1-1　改革开放以来我国工农城乡关系的发展阶段及其特征

时间	发展阶段	特征
1949～1977 年	以农补工、城乡有限互动阶段	农业处于基础地位，农业实现恢复性快速发展，农业向工业提供原材料，城乡要素资源实行计划配置，工农城乡二元结构开始形成
1978～1992 年	工农加快发展、城乡要素流动加快阶段	改革开放初期农业快速发展，随着农村富余劳动力非农转化加速、乡镇企业异军突起、工农业关联发展，工业以更快的步伐向前迈进，城乡要素流动加速，工农城乡二元结构继续发展

续表

时间	发展阶段	特征
1993～2003 年	以工促农、以城带乡的准备阶段	“三农”问题凸显，城市发展后来居上。市场导向下的工农、城乡二元结构依然较为明显但有所缓解，工业反哺农业、城市带动乡村势头出现并加速
2004～2012 年	以工促农、以城带乡的加速阶段	城乡居民家庭可支配收入有所增加，农业生产率有所提高，城乡社会公共事业加速发展但差距依然存在，工业促进农业、城市带动乡村的带动作用明显加强
2013 年至今	工农互促、城乡互动频繁阶段	以新型城镇化、新型工业化、农业现代化和信息化为抓手的“四化联动”与乡村振兴战略的相继实施，工农城乡以更大幅度在更高水平互动，融合发展开始加快

资料来源：作者根据相关资料整理。

1.1.1　以农补工、城乡有限互动阶段(1949～1977 年)

中华人民共和国成立初期，我国还是典型的农业大国，工业有所发展，但在国民经济中占比很低，1952 年工业在国民经济中的占比仅为 20.8%，农业在国民经济中的占比却高达 50.5%。为缓解资本稀缺，尽快建立相对完整的国民经济体系，加速从落后的农业国向发达的工业国转变，从而摆脱“一穷二白”的局面，我国确立了“以农业为基础，以工业为主导”的国民经济建设方针，这一方针的目的是用农业推动工业发展，一切以工业发展为首要目标(郭玮，1992)。

在工业优先发展战略指导下，我国高度重视农业的基础地位。农业既为工业提供发展所需资金与生产资料，又为城乡居民提供生活资料。农业长期为工业发展提供资本积累，为我国迅速建立起完备的国民经济体系做出了巨大的贡献。在以农补工的指导方针下，到 1977 年，工业、农业增加值在国民经济中的占比分别为 46.9%、29.5%。我国迅速从几千年的农业国转变成为社会主义工业国家。一大批装备先进、发展较快的现代工业奠定了国民经济基础，也为后来的改革开放提供了工业准备。

1.1.2　工农加快发展、城乡要素流动加快阶段(1978～1992 年)

在这一阶段，农村经济向着专业化、商品化、社会化迅速发展，广大城乡人民得到显著实惠，带动了整个改革和建设事业[①]。得益于家庭联产承包责任制的施行，农村劳动生产率得到极大提升，粮食产量稳步提高，农民收入逐年增加。这为改善工业生产力布局，缩小城乡差距起到了积极作用。

中共十一届三中全会确立了“一个中心、两个基本点”的党的基本路线，全党全国工作重心全面转移到经济建设上来。在这一基本路线指引下，为改变农村发展多年来相对停滞、城乡差距日益扩大的局面，调动农业生产积极性，重塑城乡利益分配格局，中共中央国务院于 1982～1986 年连续出台五个一号文件，依次从肯定土地联产承包责任制、农业转向商品生产、农民资金自由流动、改革农村经济管理体制、搞活农村经济等方面强调提高农业生产力，激发农业生产积极性，进而调整工农、城乡利益分配格局(表 1-2)。

1992 年，大量农村劳动力开始不再固守农田，而是转向了乡镇企业，在乡镇企业的各种岗位上实现了就业。转移劳动力总数达到了 1.03 亿人，构成了中国农民就业的一个

①江泽民. 加快改革开放和现代化建设步伐，夺取有中国特色社会主义事业的更大胜利. 在中国共产党第十四次全国代表大会上的报告.

十分重要的渠道。农村工业创造的就业岗位占整个农村非农就业岗位的 61.4%，农村工业的就业效应显著(陈吉元和胡必亮，1994)。乡镇企业为农村剩余劳动力从土地上转移出来，为农村致富和逐步实现现代化，为促进工业和整个经济的改革和发展，开辟了一条新路。

改革开放以来，生产力迅速发展。1992 年与 1952 年相比，我国工业增加值从 142 亿元增加到 11700 亿元，增长了 81.4 倍；农业增加值从 346 亿元增加到 5867 亿元，增长了约 16 倍。工业与农业均取得了跨越式发展。

表 1-2　1982～1986 年中央一号文件的主要内容

年份	一号文件	主要内容
1982	《全国农村工作会议纪要》	肯定土地的联产承包责任制，取消了包产到户的禁区。尊重群众根据不同地区、不同条件自由选择，宣布当前的土地承包制度长期不变。包产到户成为中央决策，结束了围绕包产到户的激烈争论
1983	《当前农村经济政策的若干问题》	促进农业从自给半自给经济向较大规模的商品生产转化。从传统农业向现代农业转化
1984	《关于一九八四年农村工作的通知》	土地承包期一般应在十五年以上。允许农民和集体的资金自由或有组织地流动，不受地区限制
1985	《关于进一步活跃农村经济的十项政策》	必须进一步改革农村经济管理体制。在国家计划指导下，扩大市场调节，搞活农村经济
1986	《关于一九八六年农村工作的部署》	把党的各项政策认真加以落实，重在贯彻执行。调动一切积极因素，一个一个解决难题

资料来源：根据《中共中央国务院关于“三农”工作的一号文件汇编(1982—2014)》整理。

1.1.3　以工促农、以城带乡的准备阶段(1993～2003 年)

1978 年发轫于农村的改革开放随后逐步扩大到城市。随着改革开放的不断加快，特别是城市经济体制改革的不断深化，为以工促农、以城带乡做好了准备。

20 世纪 80 年代开始，国家陆续设立了深圳、珠海、汕头、厦门、海南五个经济特区，以及大连、秦皇岛等 14 个沿海开放城市。众多特区城市逐渐成为内陆城市经济发展的对标城市，内陆城市纷纷向特区城市学习发展经验，各类工业开发区开始兴起，我国进入城镇化工业化加速发展时期，来自农村的改革呼声却逐渐减弱。1992 年，邓小平同志的南方谈话以及党的十四大召开，标志着我国全面进入改革开放新阶段。党的十四大提出，必须允许和鼓励一部分地区一部分人先富起来，以带动越来越多的地区和人们逐步达到共同富裕①。工农城乡关系也按照这一战略部署逐步推进。

这一阶段，乡镇企业作为计划经济向市场经济过渡期的产物，无法与市场经济条件下按照现代企业制度建立的城市现代企业展开竞争。乡镇企业逐渐萎缩，或改制为民营企业，或就地解散。据统计，20 世纪 90 年代中后期，乡镇企业的就业人数呈明显下降趋势。以我国乡镇企业最发达的江苏省为例，20 世纪 90 年代初期开始，全省各种类型的乡镇企业职工绝对人数呈逐年下降趋势，从 1993 年的 337.79 万人下降至 1996 年的 297.88 万人，各类村办企业 1996 年较上年减少 21.63 万人。1998 年农村工业部门就业人数为 3928.6 万

①江泽民，1992. 加快改革开放和现代化建设步伐，夺取有中国特色社会主义事业的更大胜利. 在中国共产党第十四次全国代表大会上的报告.

人，较上年减少 102.7 万人。农林牧渔业从业者为 32626.4 万人，较上年增加 191.5 万人(林刚，2000)。在农村工业部门就业的劳动者逐渐回归农业部门。

这一阶段，城乡资源要素在城乡间实现了双向流动，活跃了市场经济，城市与乡村经济均出现增长势头良好的局面。随着乡镇企业数量的减少，得益于家庭联产承包责任制，农村工业部门从业者迅速从乡镇企业转移至传统农业部门。家庭联产承包责任制在工业部门从业者回归传统农业部门方面起到了积极的作用，有利于农村社会的稳定。

1.1.4　以工促农、以城带乡的加速阶段(2004～2012 年)

工农城乡关系经过前三阶段的发展，工业在国民经济中的主导作用逐步确立，工业反哺农业的能力已经具备。

虽然我国在这一阶段出台了取消农业税等众多支持农村农业发展的政策，但是城乡面貌的改变不能一蹴而就，只能依托工农产业的先期调整使城乡关系进入以城带乡的新阶段。在这一阶段，城市逐渐成为第二、三产业的集聚中心，逐渐成为增长极，不断吸取周边地区与乡村地区的资源要素，虹吸效应逐步增强，导致农村生产要素向城市单向流动。城乡之间形成极核式的空间结构并开始固化，工业发展领先于农业。尽管出台了众多提升农业质效的政策措施，但是并未从根本上破除城乡分离的二元结构。城乡二元结构日益固化，突出表现在城乡居民人均收入的绝对值与增长率的差距持续扩大(图 1-1)。这一阶段，城乡居民的收入稳步提高，但是城镇居民的收入提高更快。

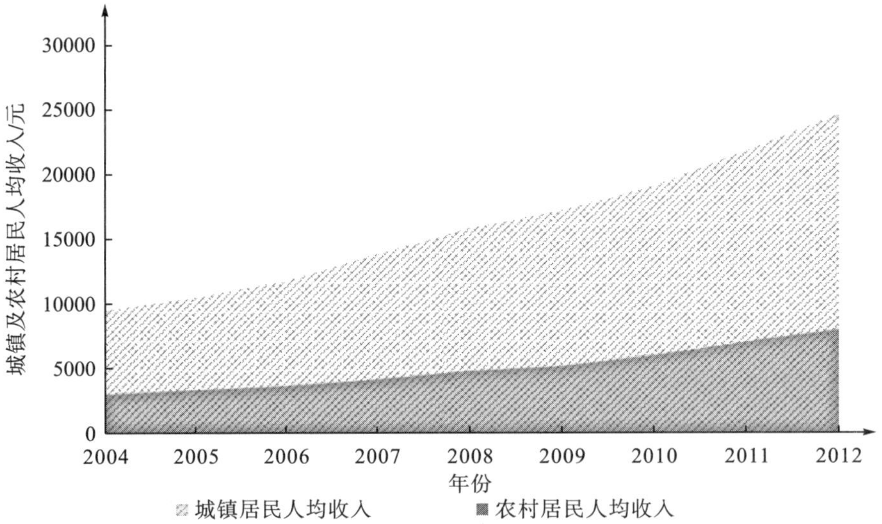

图 1-1　2004～2012 年城镇及农村居民人均收入

数据来源：历年《中国统计年鉴》。

1.1.5　工农互促、城乡互动频繁阶段(2013 年至今)

2013 年，中共十八届三中全会指出，必须健全体制机制，“形成以工促农、以城带乡、工农互惠、城乡一体的新型工农城乡关系”。随着户籍制度趋于松动和城乡社会保障制度的逐步完善，城乡差距扩大有所遏制。产业结构的调整加快进行，工农关系大大缓和，第二、第三产业纷纷延伸到传统农业领域，工农互促的趋向明显。2017 年，党的十九大报告首次提出实施乡村振兴战略，“按照产业兴旺、生态宜居、乡风文明、治理有效、生活富裕的总要求，建立健全城乡融合发展体制机制和政策体系”。2018 年《中共中央国务院关于实施乡村振兴战略的意见》出台，标志着从统筹城乡到城乡一体化，再到城乡融合，新型工农城乡关系进入新的阶段。

2020 年，中共十九届五中全会提出“优先发展农业农村，全面推进乡村振兴。坚持把解决好‘三农’问题作为全党工作重中之重，走中国特色社会主义乡村振兴道路，全面实施乡村振兴战略，强化以工补农、以城带乡，推动形成工农互促、城乡互补、协调发展、共同繁荣的新型工农城乡关系，加快农业农村现代化”。这赋予了工农城乡关系新的内涵。

1.2　工农城乡二元演进的经济因素与体制原因

我国工农城乡二元关系的演进历程，既遵循经济发展的一般规律，又彰显我国的基本国情。因而，我国工农城乡关系的演化，是一般性与特殊性的统一，是经济规律与制度因素双重叠加、共同作用的结果。

1.2.1　工农城乡二元演进的经济因素

1. 城市的自我强化效应促成城乡发展不平衡

自我强化效应是指促使已经发生变化的事物朝着相同的方向产生额外变化的过程(阿瑟·奥沙利文，2015)。“中心-外围”模式表明，在一定条件下，一个地区已经形成的产业集聚可以自我维持，因而由于某些因素在过去形成的城市，其中心地位在将来可以继续保持。集聚因素使得多个地区和连续空间中产生数量更少、规模更大的集中。地理上的区位优势有利于形成产业中心，进而形成城市。一旦产业中心形成，会通过不断的自我强化形成和扩大规模。产业一旦开始集聚，就会形成各类不同的产业集聚区，各个产业就业的人群也会集聚到产业集聚区周围，逐渐形成居民区、制造业生产区和商业区等。这种自我强化效应会逐渐扩大城市产出与规模，反过来又吸引更多的人口迁移至城市定居。

经济演化的过程可看作是市场潜力与经济区位的共同作用，市场潜力决定了经济活动的区位，区位的变化重新描绘了市场潜力(藤田昌久和保罗·克鲁格曼，2016)。那么，最初的区位选择谁来决定？自然地理位置对经济区位选择起着重要作用，如港口与河流。上海之所以成为上海，是因为长江出海口起到了重要作用。我国江浙沿海一带，得益于沿江港口众多，且近出海口，五百多年前就已是富庶繁荣之地。当前繁荣的城市总是以曾经的区位优势起步，并获得自我发展的加速度，不断扩大人口规模，集聚效应的增强进一步增强城市的正外部性。因此，产业选址最终带来了产业所在地发展的必然性。

一般而言，城市的形成发展路径类型主要有三种。一是内部驱动型，即在古时就拥有地理区位、资源禀赋等优势，如西安、南京、成都；二是外部影响型，以政府支持的政策优势使新建城市获得发展的外部推动力，如西北城市图木舒克；三是混合型，即在已有城市发展基础上，政策倾斜使城市获得更大的发展动力，在城市发展自然规律基础上叠加政策优势，这也是当前我国大多数城市形成的路径。

城市的自我强化效应最终会使城市规模趋于稳定，并形成各类不同规模、不同层次的城市群(阿瑟·奥沙利文，2015)。结合我国城市发展与城镇化历程来看，当前的直辖市、省会城市以及区域中心城市处在城市规模逐渐扩大的第一阶段，尚未达到城市规模稳定的均衡水平，因此自我强化导致的人口迁移逻辑适用于所有层级城市。在人口城镇化历程中，必然会出现乡村产业的空心化。我国城市发展自我强化效应与二元经济政策的叠加导致城乡发展快慢不一、经济差距持续拉大，加速城乡不平衡发展。

2. 城市集聚经济加速了农村劳动力流向城市

劳动力的空间分布和空间配置，在相当程度上既反映特定空间范围内经济活动规模、密度和强度，又是经济活动开展的空间形态。集聚经济下劳动力的技能匹配效应使得城市产生了较高的劳动生产率与较低的生产成本。根据 Helsley 和 Strange(1990)的劳动力匹配模型，城市经济的发展使较多的劳动者提高了技能匹配性。该模型假定生产受规模经济影响，竞争产生零经济利润；每个工人都有自己的专业技能；每个企业进入市场后，开始选择生产的产品和与之匹配的技术；工人技能和企业所需要技能之间的差距，代表工人培训成本的高低；每个企业为他们所需要的技术工人提供令其满意的工资，每个工人都将选择为他提供最高净收入的企业。劳动力数量的增加会进一步提高技术工人的密度，导致更多的工人向一个地区集聚，进一步提高技能匹配性和工人的净工资水平。

劳动力的城乡流动受到城乡收入差距的影响，人口在城乡之间的迁徙受到预期收益与迁徙成本的比较分析，进而做出空间迁徙的决策。根据托达罗(Todaro，1970)构造的模型，人口在流动时特别关注预期收益而非现实收益，只要预期城市收入高于农村收入，即使一段时间内找不到工作，劳动力也会不断涌入城市。托达罗模型表明了在纯粹市场机制作用下，劳动力要素的自由流动方向只能是乡村流向城市。

3. 投资乘数与收入加速效应共同拉大城乡发展差距

首先分析城市生产部门的投资乘数效应。在经济发展中，投资一直发挥着重要作用，投资乘数效应推动经济加速发展。投资乘数效应是指投资或政府公共支出变动引起的社会总需求变动对城市的收入增加或减少的影响程度。假设城市某生产部门 A 的投资支出总和为 I，I 转化为其他部门 C 的收入。其他生产部门 C 把得到的收入 I 在扣除储蓄 S 后的剩余($I-S$)继续用于投资，$I-S$ 又会转化为另外一个部门 D 的收入。如此循环下去，就会导致城市生产资料生产部门收入以投资或支出的倍数递增。由于城市生产资料生产部门门类齐全且就业人数众多，就业人口的派生需求又会引起消费资料生产部门的投资与消费，带来消费资料生产部门的投资乘数效应，如此循环。

银行业的出现和信用货币的创造，将乘数效应推向了极致。我国商业银行信贷一直以来都倾向于城市的工业部门，因为农业用地无法像工业产品、厂房、设备等一样具有抵押、质押权，不具备正常的金融资产功能。农民想要获得贷款，即使是惠农的农村信用社，也要面临相对严苛的审核。在这种情况下，一方面，农村信用社和其他商业银行通过聚集农民闲散资金，再发放给城市的生产和居民部门，让城市各部门得到扩大投资的能力；另一方面，乡村部门无法获得同等的资金供给待遇，“三农”发展面临资金瓶颈约束，最终影响农村农业的良性发展。

经济发展中同时还客观存在加速效应。投资的增加总是在城市的某一个或者某几个部门内先行产生，这会带来该部门内的就业工资水平高于社会平均工资水平，带来城市部门就业人口的收入增加。加速效应认为，收入和消费的增长反过来会影响投资的增加。这种由收入增加诱发的投资称为“引致投资”，最终带动城市整体工业部门投资水平的增加。乡村居民由于长期收入偏低，消费水平偏低。即使农民有增加的消费需求，也能由城市工业部门扩大产出来解决。

城市生产部门在乘数-加速效应作用下，实现“投资增长—消费增长—投资增长—消费增长”自我循环，进而带动城市经济规模的扩张。乡村地区则由于投资规模小、消费收缩，乘数-加速效应在乡村无法实现。最终，城市发展速度遥遥领先于农村，城乡二元结构趋于固化。

4. 通货膨胀对农民收入的过度稀释拉大城乡收入差距

根据经济学基本原理，通货膨胀会导致经济利益的再分配。城乡居民面临通货膨胀时采取的应对方式和工具不同，导致农村居民的利益受损远大于城市居民。物价总水平上涨很快的时期，通货膨胀的收入再分配作用导致农村居民处于不利局面。城镇居民较容易获得对通货膨胀的补偿收入，如通过提高房租收入等各种财产性收入、主动获取不同期限的贷款等行为来对冲通货膨胀对实际收入降低的影响。但是，一些农村居民由于金融资产匮乏且贷款困难，或受传统观念影响不愿接受贷款等原因处于预算刚性状态，很难找到收入补偿渠道。城乡居民人均收入比由 1984 年的 1.86∶1 逐步扩大到 2009 年最高的 3.3∶1(图 1-2)。考虑到通货膨胀的影响以及农村居民收入的预算刚性，城乡居民的人均实际收入之比可能还要更大。

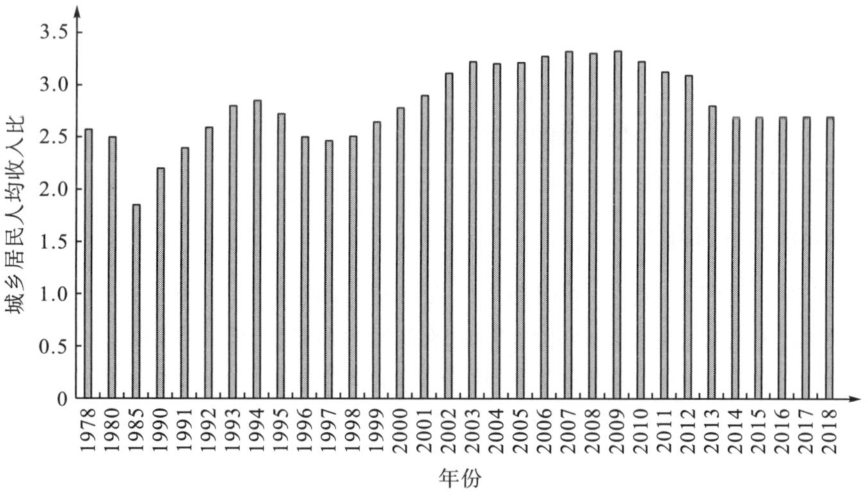

图 1-2　1978～2018 年我国城乡居民人均收入比

数据来源：历年《中国统计年鉴》及相关年度统计公报。

通货膨胀的影响涉及生产和消费两大领域，因此农民不仅得忍受高价的生产成本，还得花费更多用于基本的生活需要。1994～1995 年，由于化肥等生产成本上涨导致农业生产资料和生活消费品价格上涨，农民的消费支出分别增加了 302 亿元和 1232 亿元(白雪秋和毕世杰，1996)。提高农民收入的有效手段就是提高农产品价格。但如果恰逢通货膨胀，用提高农产品价格的方法促进农民收入提高的效果就大打折扣。在通货膨胀时期，由于农产品位于价值链低端，农产品的价格上涨速度慢于工业品价格，农民收入也就增长缓慢，从而也相对扩大了城乡居民收入差距。

1.2.2　工农城乡二元演进的制度与政策原因

1. 工农产品价格剪刀差制度

市场经济作为一种资源配置方式，同社会制度没有必然联系。我国在 1978 年以前受计划经济体制和“重工业优先”发展思路的双重影响，竞争机制、供求机制、价格机制、工资机制均无法充分发挥资源配置的作用。

中华人民共和国成立初期，为解决建立先进工业国与落后的农业国现实之间的社会主要矛盾，缓解资本稀缺，尽快建立国民经济体系，摆脱贫穷落后的局面，我国确立了“以农业为基础，以工业为主导”的国民经济建设方针。以农业为基础，实际上就是把农业变成促进工业发展的重要手段，把农业的增长看成是为工业发展服务(郭玮，1992)。

为加快资本积累，政府通过统购统销农产品制度，为工业生产提供工业原料，最终达到以工业利润形式积累其扩大再生产所需资本的目的。从农产品生产环节看，计划经济制度下的人民公社制度无法调动农民种粮的积极性，导致农产品产出长期偏低，也导致生活资料短缺，无法满足人民的正常生活需要。我国城市施行的工农产品凭票供应制度，短缺经济特征明显。计划经济体制无法调动农民农业生产积极性，导致乡村劳动力不愿从事农业生产，农村存在大量的隐蔽剩余劳动力，农业生产率偏低。

从农产品交易环节来看，虽然工业产品价格大大高于其价值，农产品价格大大低于其价值，但全社会的工农产品的总价格和总价值是相等的。总价值相等的前提下，政府的最高限价政策导致本应留存于农业内部的农业剩余被分割到工业领域。1954～1978 年，国家通过对农业不等价交换方式取得的资金达 5100 亿元(农业投入总课题组，1996)。农业自我积累缓慢，扩大农业生产规模、扩大再生产较难。

2. 城乡有别的户籍制度

中华人民共和国成立后，为了保障重工业优先发展，避免城市人口增长和集聚带来较大的就业压力，我国从 1958 年开始实施城乡有别的户籍制度。户籍制度的存在与中华人民共和国成立之初落后的生产力息息相关。农民大量进城与短时期内城市无法提供大量的劳动岗位之间的矛盾，促使政府不得不实施城乡有别的户籍制度，稳定城市与农村。政府依托户口登记和管理对人口迁移进行严格管控，在当时具有积极的意义，避免了劳动力在生产力水平相对较低的前提下盲目流动，促进了社会稳定。与二元户籍制度相配合，我国实施了城乡有别的城市劳动就业制度、社会保障制度和基本消费品供应的票证制度等。但是，随着时间的推移，这种制度的弊端逐渐显现，户籍制度使得城乡居民长期在福利待遇方面出现巨大偏斜(图 1-3)。

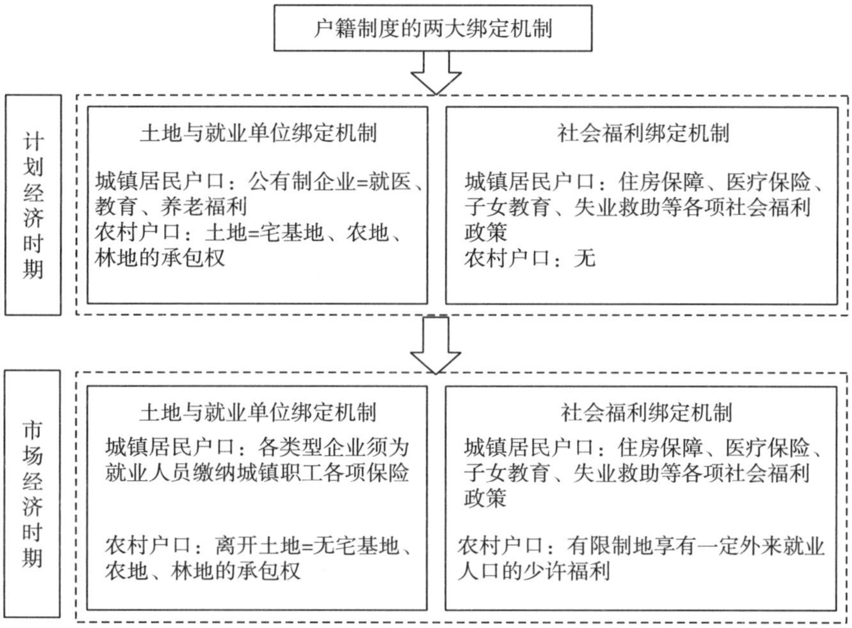

图 1-3 城乡户籍制度的两大绑定机制

计划经济时期，城镇人口的异地迁移需要所在单位开具证明，农村户口的居民只有通过参军、升学两条途径改变身份认定，转换为城镇户口，方能享受城镇居民的福利待遇。学生毕业后由国家统一安排工作单位，人力资源的分配完全由国家执行。计划经济时期的就业必须服从国家的安排，劳动力市场等生产要素市场完全不存在。

户籍制度建立的初衷是进行人口登记管理，城乡劳动力流动阻碍变小后，人口管理日趋精细化。根据 2014 年国务院发布的《进一步推进户籍制度改革的意见》，户籍制度改革需要统一城乡户口登记制度以及与之相适应的教育、卫生计生、就业、社保、住房、土地及人口统计制度。当前的户籍制度改革取消了农业户口与非农户籍的划分，统一更改为居民户口并建立城乡统一的户口登记制度。但是由此衍生出的城乡教育、医疗卫生、文化等公共资源的城乡二元配置仍然有待进一步的改革。

3. 城镇土地与农村集体土地同地不同权的二元土地制度

农民所使用的集体土地目前是不能直接交易或者直接转换为城市建设用地的，需要被政府征用，再进一步转化为国有土地后才能进行交易。也就是说，政府控制土地的一级市场，只有二级市场是市场化的，但二级市场的门槛非常高，农民难以充分获取农地向非农地转化的增值收益。

由于农业生产效率相较于工业和服务业偏低的客观事实，资本受利润率驱使主要流向工业和服务业，很少流向农业生产地区，进一步加大了资本流动的不均衡性(王一鸣和高峰，2004)。这使得农民收入来源无法多元化，无法像城镇居民一样获得土地带来的增值收益。尽管土地是一种特殊的生产要素，但进一步消除土地市场的制度性分割、进一步增强土地要素的市场流动性、提高土地要素的市场化配置程度，仍然是全面建设社会主义现代化国家新征程中的基本趋势和大方向（胡怀国，2021）。

中共十九届五中全会立足全面建设社会主义现代化国家的新发展阶段，对“十四五”规划和未来更长时期的农村土地制度改革做出了全面部署，明确要求“健全城乡统一的建设用地市场，积极探索实施农村集体经营性建设用地入市制度”“探索宅基地所有权、资格权、使用权分置实现形式”“保障进城落户农民土地承包权、宅基地使用权、集体收益分配权，鼓励依法自愿有偿转让”“深化农村集体产权制度改革，发展新型农村集体经济”等①。这意味着我国全面开启了面向全面建设社会主义现代化国家的土地制度改革。

4. 城乡有别的财税政策

我国历史上曾存在着城乡二元税制。城市施行工商税制，农村则施行税费征收制。1994年的分税制改革使一些地方政府预算内的财政出现了一定的困难。其直接后果就是政府预算中对农村义务教育、优抚等的支出大量缩减，乡镇政府只能通过提高向农民征收“三提五统”费用来弥补基层政府支出的缺口。农民承担的税费负担日益繁重，造成一些地区农业发展缓慢与农村资本积累长期低下并存的局面。2006年之前，农业税、“三提五统”以及乱收费摊派等农村税费，使一些农村自我积累缺乏，“三农”问题愈发明显。财政分权激励地方政府优先推进工业发展和城市发展，财政支出倾向增加城市公共物品的供给，城市有工业支持导致资本收入报酬较高，而乡村没有这些条件支持，客观上导致城乡收入差距拉大。因此，地方政府财政支出城市化倾向会扩大城乡收入差距，必须加大对农业、农村与农民投入，从而缩小城乡收入差距。在公共品提供方面，政府过度向城市倾斜导致农村基础设施建设长期欠账（韩俊，2012）。

2006年1月1日《中华人民共和国农业税条例》被废止，农业生产者缴纳农业税的义务宣告终结，我国开始全面步入新型工农城乡关系的深化期，工业具备了反哺农村农业的基础，城市总体上具备了通过扩散效应带动乡村发展的基础。工农城乡关系开始进一步缓和，良性互动的局面开始形成。

1.3　我国当前工农城乡关系的现状及协调的国际借鉴

当前，一些地区工农城乡关系的突出问题主要是：城乡居民贫富差距长期偏大、工农发展长期不协调、城乡教育资源存在二元反差、城乡医疗资源配置不均等，导致城乡二元结构的体制机制没有得到有效破解。对发达国家与发展中国家在工农产业协调、城乡一体化发展的经验教训进行总结，有利于我国在统筹构建新型工农城乡关系时进行合理借鉴，走出一条中国特色的工农城乡统筹发展新路子。

① 中共中央关于制定国民经济和社会发展第十四个五年规划和二〇三五年远景目标的建议，2020.

1.3.1　当前工农城乡关系的现状

1. 城乡居民贫富差距长期偏大

中华人民共和国成立后，计划经济体制下的国民经济划分为农、轻、重三大板块，由城市经济和农村经济两个相对独立的部分组成，农业布局在农村，轻工业和重工业布局在城市。国家采取了压低农产品价格、提高工业制成品价格的“剪刀差”价格政策，把资金引向城市，目的是加快工业发展。这一政策的实施，使得城乡差距进一步扩大。1978 年之前，我国城乡收入整体增长缓慢，城乡收入差距总体扩大。改革开放以来，城乡二元结构日益明显，具体表现在：城乡收入水平持续拉大、城乡社会福利和公共服务不平等配置，以及城镇与城镇之间、农村与农村之间的发展差距。从图 1-2 可见，改革开放之后，城乡居民总体收入水平大幅上升，但城乡居民的收入差距日益扩大、财富日益向城市集中。改革开放至今，只在 20 世纪 80 年代中后期，城乡居民人均收入比值低于 2.5∶1。特别是 2002～2012 年，城乡居民人均收入比长期居高不下，城镇居民收入竟比农村居民收入的三倍还要多。这一阶段正是城乡二元结构的固化阶段。城乡收入比长期居高不下是这一阶段的突出反映。即使到了 2018 年，收入比有所下降，但仍高于 2.5∶1，高于改革开放初期的城乡收入差距。

从图 1-4 可见，改革开放以来，城乡居民的恩格尔系数逐渐下降。这表明城乡居民总体生活水平不断提高，但是二者的生活水平始终存在差距。改革开放初期，城乡居民的恩格尔系数分别接近 60%和 70%，表明城市居民基本处于温饱水平，而农村居民还停留在贫困状态，改革开放初期城乡居民收入差距已经存在，可以看成是对中华人民共和国成立后执行的以农补工政策的累积。城乡居民的恩格尔系数自 1978 年后逐年下降，表明城乡居民生活水平在改革开放后逐年提高。但是，城市居民的恩格尔系数下降幅度更快，说明城市居民的生活水平相比农村居民提高更快。农村居民收入改善速度较慢，恩格尔系数下降缓慢，直到 2000 年才降至 50%以下。

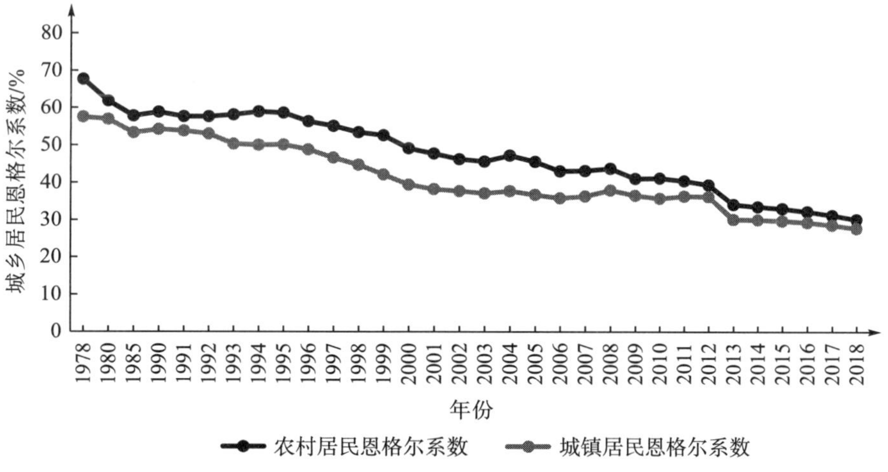

图 1-4　1978～2018 年城乡居民恩格尔系数

数据来源：历年《中国统计年鉴》。

这表明，改革开放以来，城乡居民的生活条件均有了巨大改善。但是，城镇居民的收入增加得更快，农村居民的收入增加相对较慢，二者收入增加不同步现象明显。要实现共同富裕的目标，不仅要关注农村居民收入的绝对增长，更要关注收入的相对增长。

2. 工农发展长期不协调

(1)工农协调，就是三次产业的协调。三次产业的协调从社会资本再生产角度出发，就是解决三次产业之间以及各产业内部的比例和平衡问题。社会总供给要与总需求保持平衡，各产业之间必须保持一定的比例。当前，我国工农发展总体上不协调，既影响工农产业内部的转型与升级，又影响城乡关系不协调(图 1-5)。

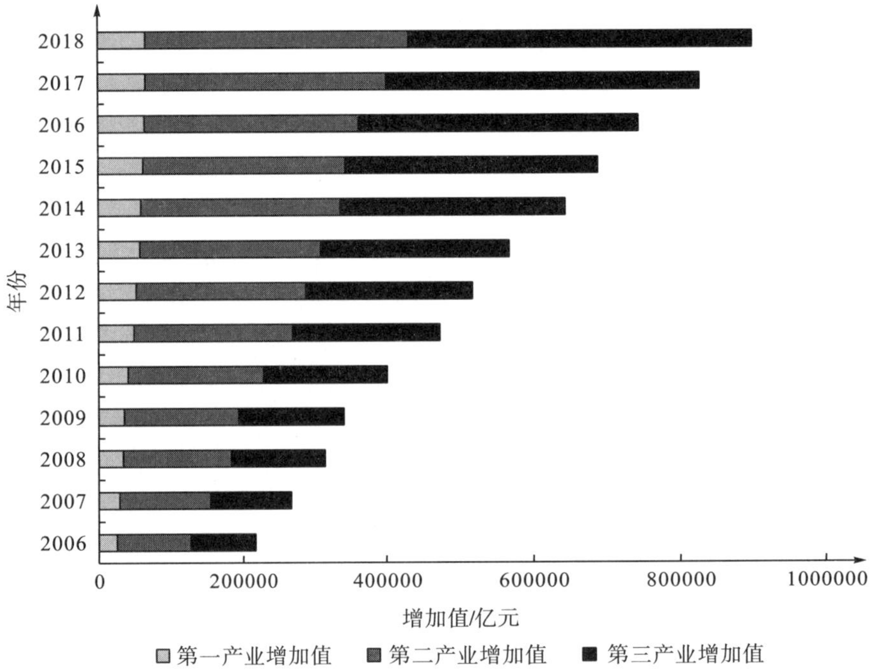

图 1-5　2006～2018 年三次产业增加值构成情况

资料来源：国家统计局网站，http://data.stats.gov.cn/easyquery.htm?cn=C01。

(2)三次产业存在着产业间互动不足的问题。从农业与工业的互动来看，长期存在着农业生产效率不高，传统农业占比较大，工业对农业的渗透严重不足的状况。这导致产业链延伸不足，工农产业链没有深入农村，工业的前向、侧向、后向关联效应均没有较好发挥，制约了农业大规模的生产经营模式的推广。从工业与一三产业的互动来看，工业的转型升级亟待从农业和服务业中寻找突破口，增加附加值，拓宽转型路径(赵明亮，2015)。此外，应充分发挥现代生产性服务业的服务功能，带动农业和工业的转型升级。

3. 城乡教育资源存在巨大的二元反差

本书从政府教育资源供给和家庭教育资源供给两方面来考察城乡教育资源的二元性。

1）城乡义务教育供给的二元特征

由于教育投入是个长期工程，其回报具有滞后性，也就是说，对教育的投入在短时间内难以见效。通常地方政府不会将太多资源投入到教育发展上。由于城市的教育资源和生源质量处于先天优势的位置，因此城市的学校发展往往更容易见到成效，特别是城市中的重点学校。在实行地方负责、分级管理义务教育制度后，一些农村地区的资金在本就不充足的情况下仍需支持教育的大幅度改良的情况下，显得捉襟见肘。教育资源分配的不均，导致农村义务教育成为其中最薄弱的环节（李明欣，2016）。党的十九大上，习近平再次强调重视发展农村义务教育，但是城乡教育间的不均衡问题的解决还需要长期的努力（王英梅，2018）。

根据《2018年全国教育经费执行情况统计快报》显示，2018年国家财政性教育经费为36995.77亿元，占当年GDP的比例为4.11%。同期世界平均水平是4.9%，发达国家为5.1%，欠发达国家为 4.1%。可见我国在经济总量位居世界第二的情况下，教育经费投入水平却低于世界平均水平，只与欠发达国家相当，这是非常不合理的。其中，农村教育资源的匮乏尤为严重。从政府提供的公共教育资源来看，城乡学生从基础教育到高等教育普遍存在教育获得不平衡不充分的问题，城区初中生的生均计算机台数、生均网络多媒体教室数量和生均图书数量占有率远高于乡村初中生。在教育经费总量不足的情况下，只能优先满足投资回馈更大的城市学校，城乡义务教育的资源不均也就更加明显。虽然近几年我国在扶持农村义务教育方面采取了一些措施，加大对农村学校教育的财政拨款力度，但是从人均角度来看，生均教育经费投入在城乡之间仍有显著差距（表1-3）。

表1-3　2013～2018年城乡初中办学条件对比一览表

项目		年份					
		2013	2014	2015	2016	2017	2018
城区初中	校舍建筑面积/平方米	140951367	154443419	161225142	174911558	189434053	207494925
	学校占地面积/平方米	321018052	339476485	344128916	365507538	388417232	417500495
	图书/册	366287680	413952868	446265642	489567373	533466382	576113924
	计算机数/台	2002450	2257863	2436470	2710492	3008233	3295061
	教室/间	427307	476392	492511	546852	589479	640656
	其中：普通教室/间	329812	360445	370318	402166	430816	464448
	网络多媒体教室/间	213341	259084	286698	323044	361157	402592
乡村初中	校舍建筑面积/平方米	115287476	114010224	114782756	115871409	116099590	117620853
	学校占地面积/平方米	430637067	409983958	396199353	382705651	369638688	364057695
	图书/册	293387632	285430035	281087254	279791883	276307960	278957359
	计算机数/台	1075875	1102280	1165030	1258810	1326054	1374031
	教室/间	367391	364654	356430	368626	361649	362372
	其中：普通教室/间	300824	286896	277687	273500	263367	262510
	网络多媒体教室/间	85033	113829	135017	154969	174511.00	185358

数据来源：教育部、国家统计局，由EPS（Economy Prediction System）数据服务平台整理。

从图 1-6、图 1-7 可以看出，2014～2018 年全国普通小学生均公共财政预算教育事业经费、初中生均公共财政预算教育事业经费都在逐年上升，但农村低于全国平均水平，如果将城市和农村的相关数据进行对比，那么差距将会更加明显。因此，对农村义务教育的投入虽有所改善，但城乡间教育资源的投入仍需得到平衡。

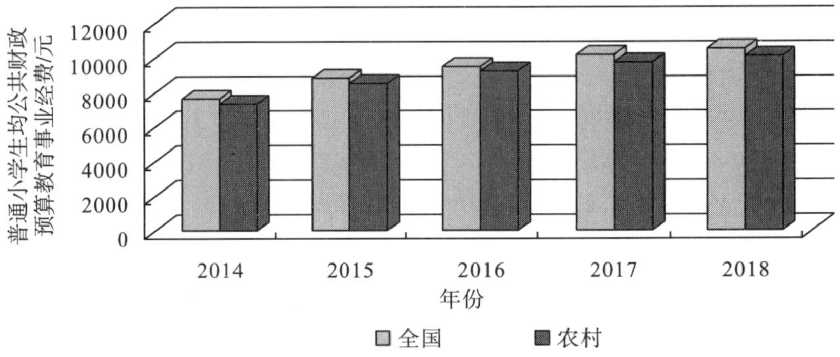

图 1-6　全国与农村普通小学生均公共财政预算教育事业经费对比

数据来源：教育部、国家统计局和财政部联合发布的 2014～2018 年《全国教育经费执行情况统计公告》。

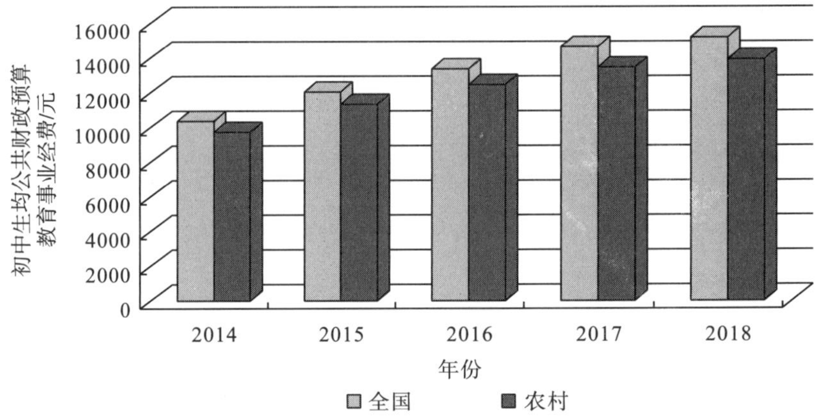

图 1-7　全国与农村初中生均公共财政预算教育事业经费对比

数据来源：教育部、国家统计局和财政部联合发布的 2014～2018 年《全国教育经费执行情况统计公告》。

2）家庭教育资源供给的二元特征

城乡家庭教育资源供给差距明显。农村学校学生家庭更多是教育程度及收入水平较低的家庭。农村大量留守儿童在义务教育阶段前期无法享受健全的身心照料（见专栏 1-1）。

专栏 1-1　城乡家庭教育差距

调查显示，城乡学校阶层分割现象明显，农村学校学生更多来自社会职业、教育程度及收入水平的较低层次。农村家庭进城打工者多，造成了大量留守儿童。2016 年 11 月，民政部发布全国农村留守儿童总数为 902 万人，其中由（外）祖父母监护的有 805 万人，占 89.2%。这些留守儿童的父母几乎不能参与孩子的教育，而与孩子在一起的祖父母年龄大，受教育程度低，也无法参与到孩子的教育中，还有 36 万名无人监护的儿童，情况更为糟糕。

城乡家庭教育期望的差距较大。父母对孩子的教育期望，直接影响了孩子的教育获得及自我认识。数据显示，农村家庭中有53.44%的父母对孩子的预期是本科及以上，23.95%是高中(含普通高中、职业高中、中专/技校)及以下。农村家长对孩子教育期望的下降，也间接导致辍学的发生。

农村孩子中，有21.48%期望自己是高中及以下。期望自己上大学的只有57.48%，从比例上来看，比城市孩子低了18.84%。

摘自：《教育蓝皮书：中国教育发展报告(2018)》

城乡家庭在教育期望上的差距也很明显。父母对孩子的教育期望，直接影响了孩子的教育获得及自我认识。农村家长对孩子教育期望低于城市家长，也间接导致辍学的发生。双重因素叠加最终导致了乡村学生教育获得质量上的差距。

4. 城乡医疗资源配置不均

由于城市和农村的经济发展不平衡，多年来向城市偏斜的公共服务投入、政府财政对农村的支持力度不够均导致医疗资源配置的城乡不均。优质的医疗资源更多集中在城市，农村医疗常处于相对滞后的状态。加之医疗服务人员自发向城市的单向流动，优秀医疗人才纷纷涌向城市，农村患者不得不进入城市寻求更好的医疗资源，更加剧了这种不平衡。据统计，2018年城市每千人卫生技术人员数量是农村的2.36倍，每千人口执业(助理)医师数量是农村的2.2倍，每千人注册护士数量是农村的2.8倍。这种差距在西部地区更为显著，如青海城市每千人卫生技术人员数量是农村的2.8倍多①。城乡居民难以享受同等的医疗服务待遇，这对于农村的参保患者是不公平的，也不利于城乡居民基本医保的真正融合。

从医保制度设计来看，城乡分设的二元医保制度规定了城镇与农村居民分属两类医保制度，客观导致医保二元性依然存在，新农合与城镇居民医保基金分别由国家卫生健康委员会与人力资源和社会保障部两个部门牵头管理。城乡居民的医保待遇存在二元性，在门诊报销方式、门诊特殊慢性病病种目录、住院起付线、报销比例等医保待遇方面均不同。目前还有很多地方的医保机构没有统一，维持原来的“双轨”运行，并未形成真正意义上的统一(杜学鹏　等，2019)。

1.3.2　国外促进工农、城乡协调发展的经验与教训

工农城乡二元结构不仅在发展中国家存在，发达国家在发展过程中也经历了工农城乡尖锐对立的发展阶段。发达国家和部分发展中国家在促进工农城乡一体化方面的经验教训，为我国统筹推进工农互促、城乡融合的新型工农城乡关系提供了良好启示。

1. 法国“光荣30年”城乡一体化发展的实践

法国的“光荣30年”是指1945～1975年法国城乡一体化发展阶段。第二次世界大战结束后，法国农村人口占比接近50%。在农业机械化程度、农业技术水平、农业组织经营方面，都存在很大的提高空间。加之农业发展受到战争的摧残，生产资料价格飞涨，百废待兴。期间，政府出台并实施了促进农业发展的有效政策，缩小城乡社会经济发展差距，

①根据《2019年中国卫生统计年鉴》数据计算得到。

工业化、城市化和农业现代化加快发展，迅速推进了法国的城乡一体化，具体可分为三个阶段。

（1）1945 年～20 世纪 50 年代末，法国农业新技术、农作物新品种不断推广，农业经济合作组织不断涌现，农业生产的专业化水平得以提高。政府大力推动农业机械化和乡村基本设施建设，进而保证农产品供应（端木美　等，2001）。在这些政策的推动下，农业发展逐渐超过战前水平，将法国农业引向了专业化、现代化生产的方向。

（2）20 世纪 60 年代初，法国以“农业指导法”为中心，制定了一整套系统化的乡村政策，其中涵盖了农业发展与乡村扩展，统筹农村的社会与经济两个方面。《农业指导法》着力完善农产品价格保护、调整农场结构、加强农业生产经营者培训，为法国乡村进一步的社会经济改革增加了经验、确立了方向。

（3）20 世纪 60 年代中期至 70 年代中期，随着社会经济发展新变化的出现，法国乡村发展出现的问题也与以往不同。例如，老龄化问题显现，农业就业人口急剧减少；农产品加工业和乡村旅游业逐步兴盛，乡村环境遭到了一定的破坏；不同地区发展由于自然禀赋、社会资源的不同而发展不平衡等。这些问题反映了法国在社会经济高速发展之后，经济发展进入了新阶段，乡村地区功能因社会需求的变化而扩展。在这一阶段的政策制定中，增加了村庄风貌更新、环境保护等内容。由于农村的生产效率大大提高，发展空间扩大，城市的部分劳动力开始流向农村，城乡间的差距在这 10 年间大幅缩小（汤爽爽，2012）。

2. 日本统筹城乡一体化发展的实践

日本城乡社会经济发展差距显著，但第二次世界大战后并没有立即着手统筹城乡发展，而是采取了压制农业、农村发展的政策。为了恢复战后经济，日本采取了出口导向型的经济发展战略。在资源有限的前提下，日本政府不得不将有限的资源投入工业。这必然导致农业发展的滞后、农村的凋敝和农民的贫穷。由于人口具有向预期工资率较高的地区和行业迁徙的趋势，大量劳动力逐渐向东京、大阪都市圈聚集，导致城市人口膨胀、社会问题频发。这些问题引起了日本社会的广泛关注，加上日本在 20 世纪 70 年代已经进入工业化后期，政府随之制定了促进农村产业与社会发展的一系列政策并大力推进，事实证明取得了良好效果（章寿荣和周春芳，2010）。具体而言，日本的城乡一体化发展实践及经验体现在三个方面。

（1）建立农业公共服务体系。日本的农业公共服务体系包括农业基础设施建设服务、农业科技服务以及农业金融服务（黄璜，2006）。由中央政府对农村地区进行财政拨款，地方专款专用，目的是为农业发展提供全方位的服务。这一政策大大改善了日本农村的软硬环境，一方面基础设施充分具备，为农业生产的专业化、农村建设的现代化创造了良好的硬环境；另一方面，在农业科技服务和农业金融服务体系下，农业科技水平得以提高，农业发展的资金来源稳定，很大程度上改善了农业发展的软环境。

（2）推动人口自由流动。日本政府减少人口流动的制度壁垒，放松人口流动的限制，民众在国土范围内能够实现自由迁徙，减少了农民进城或城市居民“下乡”的后顾之忧。每个日本民众拥有户籍证明和居民居住地证明，户籍证明由出生地政府开具，居民居住地证明由居民当前居住所在地政府开具。居民从一地流向另一地，只需要注销原来居住地的地址，到新的居住地政府登记新住所即可。

(3) 健全城乡统筹发展的法律保障。日本政府颁布实施了一系列的法律和法规推动城乡一体化发展。《町村合并法》的颁布目的是合并村镇，壮大乡村实力；日本的山区农村相较于平原农村更加落后，政府便出台了《山区振兴法》，促进落后山区农村的社会经济发展。为了筹措更多农业发展资金，日本制定了《农业现代化资金筹措法》，可由国家向农户提供长期低息贷款，解决了农户生产资金匮乏的问题。为了合理配置农产品的生产结构和保护城乡环境，日本政府陆续颁布了《农业基本法》《防止农田污染法》《自然环境保护法》等法律(付娜，2014)。

3. 韩国“新村运动”的实践

20 世纪 30 年代，韩国开始了城市化进程。当时韩国虽然经济发展基础薄弱，但城市化和工业化同步推进，社会经济发展加速。20 世纪 60 年代，韩国开始实施进口替代战略，工业化进程开始加快。与绝大部分工业化国家一样，韩国的工业产值迅速增加，而农业产值增长缓慢，因此其工业和农业的发展差距越来越大，导致城乡收入差距拉大。为了促进农业发展，韩国从 20 世纪 70 年代发起了新村运动，意在缩小工农城乡发展差距。

20 世纪 80 年代后，韩国的新村运动进入良性发展阶段，政府改变了传统的直接干预经济的政策，转变为通过制定规划，统筹协调城乡发展道路。新村运动通过乡村振兴项目的开发，解决了贫困农户的生活困难问题，为农业发展铺设新道路，改善了农村风貌(袁晓梅 等，2012)。

韩国的城乡一体化最初是政府主导，在走上正轨后改由市场机制进行调整。因而，其城乡一体化进程发端于政府，不仅包括大量城市建设，还涵盖农业政策、土地制度以及农村发展规划等。在新村运动后期，农业生产效率提高，极大地调动了农民的积极性。

4. 巴西“去制造业”的教训

巴西曾是全球发展中国家的脱贫典范。但是由于其“去制造业”的错误产业政策，在 2000～2010 年年均增速超过 3%之后，巴西经济便一蹶不振，2015 年甚至出现负增长，经济持续萎缩降速与国内通胀率居高不下并存，究其原因，主要有以下 3 点。

(1) 由于长期依赖石油、铁矿石等大宗商品的出口，工业在国民经济中的占比，尤其是制造业的占比逐年下降，出现“去制造业”的现象。产业结构中盲目去工业化，缺乏完备的国民工业体系，直接影响了经济的内生发展动力。

(2) 政府对基建投资的不重视，无法发挥基础设施投资在经济发展中的乘数效应。单一依靠出口拉动经济使得巴西暴露在巨大的国际经济贸易风险中，影响了国民经济的稳健性(李伟，2018)。

(3) 产业协调度不够，第三产业虚高度化与第二产业空心化并存。在巴西的产业结构中，第二产业与第三产业的比值达到了 2∶7，工业发展严重滞后，工业欠账较多，无法对制造业进行转型升级，严重影响了国民经济的健康发展。

5. 借鉴与启示

我国目前总体处于工业化城市化发展中后期，工农城乡关系如何统筹发展成为必须要解决的重大问题。我国要实现工农互促、城乡互补，就要更加关注农业问题。由于国情不同，世界各国选择的推动本国农村地区发展、实现城乡均衡的模式也有所差异（袁晓梅 等，2012），但其实践仍能够为我国促进工农城乡协调发展提供有益借鉴。

（1）从乡村着手，通过一系列旨在改变乡村落后面貌的倾斜性经济政策，最终实现城乡一体发展。例如，在推进城乡一体化实践中，法国针对乡村发展出台了一系列的政策、法规、法律；韩国由政府主导，进行了调整经济结构的战略性全民运动，以政府干预的方式给乡村发展注入动力，并最终实现了城乡融合。我国要促进城乡融合，政府必须重视乡村发展，补齐乡村发展短板。

（2）逐步完善城乡户籍与社会保障制度，促进城乡融合发展。农业人口转变为市民是城乡一体化发展的关键。一方面，产业发展增加城市的就业岗位，为人口流动提供动力。另一方面，改革户籍制度，使得户籍管理更加宽松，实现人口的有序自由流动。更重要的是，为城市所有常住居民提供均等化的公共资源和社会福利。

（3）以提高农业现代化水平作为促进城乡一体化的产业基础。发达国家在城乡一体化发展进程中，都着力推进农业现代化。政府通过制定产业、技术、金融、人才等政策，提高农业生产效率，且鼓励种植业与农产品加工业、乡村旅游业相融合，促进农民增收。

（4）建立完备的现代经济体系，以确保经济社会的相对稳定。吸取巴西等发展中国家在工业化进程中的教训，过早地去工业化，会导致经济抵御外部冲击的能力下降。在我国总体上已经进入工业化中后期阶段的当下，要实现产业协调发展，就不能过于偏向发展现代服务业，必须坚持发展实体经济，实现制造业转型升级，防止产业空心化。

第二章　新型工农城乡关系的基本内涵、外在表现与理论基础

我国新型工农城乡关系构建面临着改革开放以来奠定的坚实基础、工业化进入中后期、城镇化滞后于工业化、亟待跨越中等收入陷阱等时代背景。在新时代背景下，本章对新型工农城乡关系的内涵、外在表现与理论基础进行阐述。新型工农城乡关系是对适应人们不断增长的物质文化需求的高质量发展阶段的工农、城乡关系的期待和描述，“新”是一个动态的过程；新型工农城乡关系外在表现为，城乡各具特色的外部风貌、各类要素合理流动、农民成为一种职业、城乡基本公共服务均等化、全体居民实现共同富裕。

2.1　新型工农城乡关系构建的时代背景与基本内涵

当前，我国经济正处于由高速增长转向高质量发展阶段，工业化水平总体进入中后期，城市化进入加速推进期，面临着跨越中等收入陷阱的艰巨任务。在此背景下，新型工农城乡关系是指改变当前产业空间与地域空间二元分离发展的模式，最终达到生产要素空间上优化配置与三次产业协调互助的状态。构建新型工农城乡关系，不仅要处理好工与农、城与乡的关系，还要妥善处理工农、城乡之间的双重二元关系。此外，新型工农城乡关系还要满足工、农、城、乡四元相互支撑、深度融合的高质量协同发展。

2.1.1　新型工农城乡关系构建的时代背景

1. 经济处在由高速增长转向高质量发展阶段

党的十九大报告提出，“中国特色社会主义进入了新时代，我国经济发展逐步迈向高质量发展阶段”。这表明，新时代就是进入由高速增长阶段转向高质量发展阶段，人民日益增长的美好生活需要和不平衡不充分的发展之间的矛盾是当前社会的主要矛盾。新时代和新矛盾对新型工农城乡关系的统筹构建提出了以下新要求。

(1) 新型工农城乡关系必须有助于解决城乡发展不均衡，尤其是乡村发展不充分的矛盾。高质量发展的城乡结构应当是工农互促、城乡互补，三次产业良性互动，城市与乡村间均衡发展。适应高质量发展的新型工农城乡关系，就必须着力解决不平衡不充分的主要矛盾，关键是解决乡村发展滞后的问题，也就是积极引导和促进城乡居民的收入差距逐步缩小、城乡居民享受的基本公共服务均等化。

(2) 新型工农城乡关系必须推动新型工业化与农业现代化协调发展。推进工农产业融合发展是构建新型工农城乡关系的必然要求，是打造农业现代化的主要方式，是培育新产业、新业态和新模式的有效途径，是实现乡村振兴的重要支撑。

(3) 新型工农城乡关系必须破除城乡二元结构，助力城乡融合发展。当前城乡经济、

社会、生活、生态治理的融合程度都不太高，是现阶段我国主要矛盾的现实反映。促成城市和乡村形成新型互动关系，实现城乡人口、要素、文化交流，解决农村发展短板，深化城乡分工与合作，是改变城市单方面繁荣、乡村相对落后于城市发展局面的关键。

2. 工业化水平总体进入中后期

经过改革开放四十余年的建设与积累，我国工业化进入中后期发展阶段，工业已经具备了反哺农业的条件与能力，为构建新型工农城乡关系奠定了坚实的经济基础。

根据钱纳里工业化阶段理论，人均 GDP 是划分一国工业化不同阶段的重要标准。基于人均 GDP 差异，工业化进程可划分为六大阶段。任何一个发展阶段向更高一个阶段跃进的核心在于产业结构变迁。表 2-1 反映了我国四大板块工业增加值占 GDP 比例的变化，大体反映工业化发展阶段水平。

表 2-1　各地区工业增加值占 GDP 比例的变化(%)

年份	地区				
	东部	中部	东北	西部	平均
1999	42.5	38.5	42.9	32.9	40.0
2005	46.5	40.1	44.0	35.3	43.2
2006	47.1	42.0	45.1	37.9	44.4
2007	46.8	43.2	45.8	39.3	44.7
2008	46.9	44.8	47.3	41.1	45.5
2009	44.1	43.5	43.5	39.7	43.1
2010	44.1	45.7	46.2	42.2	44.2
2011	43.7	46.9	46.8	43.0	44.5
2012	42.6	46.2	44.4	42.0	43.4
2013	41.7	45.5	43.4	41.0	42.5
2014	40.2	42.8	41.5	38.7	40.5
2015	38.4	40.0	37.1	35.6	38.1
2016	37.1	38.8	31.6	33.8	36.6
2017	36.5	38.4	30.7	31.0	34.2
2018	35.7	33.8	34.5	28.7	31.9

数据来源：历年《中国统计年鉴》。

3. 城镇化滞后于工业化

中华人民共和国成立后，赶超型发展战略的实施，推动了我国由落后的农业国向工业化国家迈进的步伐，但工业化与城镇化进程未能完全协调演进。同时，户籍制度的存在极大限制了城镇化进程。随着改革的不断深入，二元结构格局有所改进。

西方国家工业化的历史进程表明，工业化与城镇化二者互为因果、互相促进，呈现螺旋式上升。根据钱纳里工业化阶段理论，当一个国家或地区人均 GDP 在 1000 美元以上时，城镇化率一般领先工业化率 20 个百分点。但从我国现实情况来看，2018 年末我国常住人口城镇化率为 59.58%，户籍人口城镇化率仅为 43.37%。城镇化率不仅未领先工业化率，反而明显滞后于工业化率。

4. 面临跨越中等收入陷阱的艰巨任务

2007年世界银行出版的《东亚复兴——关于经济增长的观点》报告中首次提出了“中等收入陷阱”这一概念：“比起较富或较穷的国家来说，中等收入国家的增长会相对较慢，这也说明为什么20世纪的世界经济没能缩小贫富差距。”

我国学界也对中等收入陷阱做了不同的定义。郑秉文(2011)认为，一些发展中国家虽然经济发展超过了人均GDP为1000美元的水平，进入中等收入行列，但却很少有国家能够顺利进入高收入行列，长期徘徊在中等收入区间，或是陷入增长与回落的循环，或是较长时间处于增长十分缓慢甚至停滞的状态。姚洋(2011)指出，中等收入陷阱是指一个国家进入中等收入之后长期停留在中等收入水平或发生倒退的状态。林毅夫(2012)指出，中等收入陷阱是一个国家达到中等收入水平之后，经济增长放缓，未能继续缩小和发达国家的收入差距的现象。田国强(2013)的定义是：进入中等收入阶段的经济体其进一步的经济增长被原有增长机制锁定，使之经济增长回落或停滞，人均国民收入难以突破10000美元上限，导致一直滞留在中等收入水平线上，并伴随贫富分化、过度城市化、社会公共服务短缺、就业困难、金融体系脆弱等其他特征。张军扩(2019)的研究表明，在从中等收入国家向高收入国家的演进过程中，确实可能面临中等收入陷阱和遭遇“制度高墙”。

可见，学术界普遍认为一国达到中等收入水平后，会面临经济放缓与停滞、收入水平提升乏力、社会动荡等一系列经济社会问题。只有跨越了中等收入陷阱，才能进入高收入阶段，进入发达国家行列。城乡差距问题能否解决，直接影响我国能否跨越中等收入陷阱。因此，构建新型工农城乡关系必须跨越中等收入陷阱，才能迈向经济高质量发展下的工农城乡协调发展阶段。

5. 国家对新型工农城乡关系的构建思路逐渐明朗

2004年，中央经济工作会议提出“我国现在总体上已经到了以工促农、以城带乡的发展阶段”①。《中华人民共和国国民经济和社会发展第十一个五年规划纲要》明确提出“必须促进城乡区域协调发展。要从社会主义现代化建设全局出发，统筹城乡区域发展。坚持把解决好‘三农’问题作为重中之重，实行工业反哺农业、城市支持农村，推进社会主义新农村建设，促进城镇化健康发展。落实区域发展总体战略，形成东中西优势互补、良性互动的区域协调发展机制”“坚持把发展农业生产力作为建设社会主义新农村的首要任务，推进农业结构战略性调整，转变农业增长方式，提高农业综合生产能力和增值能力，巩固和加强农业基础地位”。

2005年，中共中央做出的“两个趋向”的重要论断，表明工农城乡关系进入了推进城乡经济社会发展一体化的新阶段(蔡玉胜，2014)。2006年中央一号文件强调“加速推进现代化，必须妥善处理工农城乡关系”，首次提到了处理工农城乡关系对推进现代化建设的影响。市场经济条件下，工业与农业之间的异质性，导致工业快速发展而农业发展滞后的情形几乎在所有发达国家都存在过。农业补贴作为世界绝大多数国家尤其是发达国家

①中共中央关于推进农村改革发展若干重大问题的决定，2008.

支持和保护本国农业的一种基本政策，也被我国广泛采用。2006 年取消农业税增强了农业竞争力，但与农业现代化国家相比，我国单位农产品产出成本依然高居不下。2004～2020 年，党中央连续十七年发布的一号文件均聚焦“三农”问题，强调加大对“三农”的财税金融支持力度，而以“农业四补贴”[①]为核心的“强农惠农富农”政策更是我国最为重要的农业扶持政策。

2008 年，中共十七届三中全会对破除城乡二元结构、形成城乡经济社会发展一体化新格局进行了阐释，提出到 2020 年基本建立起城乡经济社会发展一体化体制机制。2012 年，党的十八大明确指出构建以工促农、以城带乡、工农互惠、城乡一体的新型工农城乡关系，是解决“三农”问题的根本途径，需要着力在城乡规划、基础设施、公共服务等几个方面系统推进一体化(蔡玉胜，2014)。2018 年的中央一号文件进一步提出了“建立健全城乡融合发展体制机制和政策体系”“加快形成工农互促、城乡互补、全面融合、共同繁荣的新型工农城乡关系”。2019 年国务院发布的《中共中央国务院关于建立健全城乡融合发展体制机制和政策体系的意见》指出，“以习近平新时代中国特色社会主义思想为指导，全面贯彻党的十九大和十九届二中、三中全会精神，紧紧围绕统筹推进‘五位一体’总体布局和协调推进‘四个全面’战略布局，坚持和加强党的全面领导，坚持以人民为中心的发展思想，坚持稳中求进工作总基调，坚持新发展理念，坚持推进高质量发展，坚持农业农村优先发展，以协调推进乡村振兴战略和新型城镇化战略为抓手，以缩小城乡发展差距和居民生活水平差距为目标，以完善产权制度和要素市场化配置为重点，坚决破除体制机制弊端，促进城乡要素自由流动、平等交换和公共资源合理配置，加快形成工农互促、城乡互补、全面融合、共同繁荣的新型工农城乡关系，加快推进农业农村现代化”。2020 年，中共十九届五中全会提出“优先发展农业农村，全面推进乡村振兴。坚持把解决好‘三农’问题作为全党工作重中之重，走中国特色社会主义乡村振兴道路，全面实施乡村振兴战略，强化以工补农、以城带乡，推动形成工农互促、城乡互补、协调发展、共同繁荣的新型工农城乡关系，加快农业农村现代化。要保障国家粮食安全，提高农业质量效益和竞争力，实施乡村建设行动，深化农村改革，实现巩固拓展脱贫攻坚成果同乡村振兴有效衔接”。这是当前推进城乡融合发展顶层设计的重要文件。

通过对政策的梳理可以发现，政府对工农城乡关系认识的逐渐深化，不仅体现了对其形成、发展的层层深入式研判，还拓展了新型工农城乡关系的内涵，为解决工农城乡二元结构指明了路径。国家层面对构建新型工农城乡关系的总体思路逐渐明晰，开始对阻碍城乡融合、工农互促的政策因素进行调整，并陆续制定促进乡村振兴、产业转型升级的相关规划，强调市场在资源配置中起决定性作用。

2.1.2　新型工农城乡关系的基本内涵

“新型工农城乡关系”的提法首见于中共中央、国务院《关于推进社会主义新农村建设的若干意见》(中发〔2006〕1 号)的表述，“‘十一五’时期是社会主义新农村建设打下坚实基础的关键时期，是推进现代农业建设迈出重大步伐的关键时期，是构建新型工农城

①粮食直补、良种补贴、农机具购置补贴和农资综合补贴。

乡关系取得突破进展的关键时期，也是农村全面建设小康加速推进的关键时期”。党的十八大提出：“形成以工促农、以城带乡、工农互惠、城乡一体的新型工农城乡关系”。2018年，中央一号文件指出：“坚持城乡融合发展，推动新型工业化、信息化、城镇化、农业现代化同步发展，加快形成工农互促、城乡互补、全面融合、共同繁荣的新型工农城乡关系。”2020年，中共十九届五中全会通过《中共中央关于制定国民经济和社会发展第十四个五年规划和2035年远景目标的建议》重新阐述了新型工农城乡关系，即“坚持把解决好‘三农’问题作为全党工作重中之重，走中国特色社会主义乡村振兴道路，全面实施乡村振兴战略，强化以工补农、以城带乡，推动形成工农互促、城乡互补、协调发展、共同繁荣的新型工农城乡关系，加快农业农村现代化”。新型工农城乡关系的内涵随着时代变迁而逐渐明朗、清晰。

1. 学界对于新型工农城乡关系时代内涵的多视角解读

综合现有学者对于新型工农城乡关系的论述，可将新型工农城乡关系的时代内涵归纳为3方面。

(1)“工农互促、城乡互补”是新型工农城乡关系的构建途径。构建新型工农城乡关系的重要途径在于推动“工业反哺农业”和“城市支持农村”，是农业哺育工业政策的逆向调整。与此同时，有学者重点围绕新农村建设以及农村人口的缩减来谋划未来乡村空间布局、经济形态及发展治理推动农业供给侧结构性改革(孙国民，2018)。也有学者强调了我国新型城镇化快速发展进程中城乡发展的有机联系和相互促进，把乡村与城镇的发展、工业与农业的发展作为一个有机整体，不再仅限于从乡村或城镇本身思考其各自的发展问题(林万龙，2017)。新型工农城乡状态下，不再是城市对乡村的“恩赐式”的福利给予，也不是乡村对城市的被动式的资源接受，更不是强势的城市对弱势的乡村新一轮肆无忌惮的利益剥夺，而应该是通过要素、产业和空间融合，构建互利共赢、共生共存的关系体系(郭晓鸣 等，2018)。

(2)“协调发展”是新型工农城乡关系的内在表现。“协调发展”体现了发展理念和发展思路的重大转变，核心是城市和乡村经济社会文化共存共荣，城市与农村相辅相成，不是取消差异，而是对立基础上的融合(徐志明，2018)。它不仅区别于其他国家的城乡一体化道路，也区别于我国改革开放之前，甚至21世纪之前的城乡发展路径，工农城乡关系的内涵也应从单一的经济维度拓展至社会、地理、生态等多个维度(高帆，2018)。不只是经济层面的协调，更是经济、社会、空间层面的全面协调。“全面协调”的核心是要素融合，一方面运用城市资源要素、产业辐射等能量带动农村发展，另一方面引导公共与社会资源优先向农村投入与聚集；一方面要对标城市，补充农村短板；另一方面要在诸如宜居质量、环境改良等部位超越城市，形成乡村新的吸引力(毕夫，2018)。

(3)“共同繁荣”是新型工农城乡关系的根本要求。“共同繁荣”体现为城乡资源平等公平的自由交换、城乡产业一体的共同发展、城乡互动性共存等，通过城乡融合实现互利共赢是乡村振兴战略下新型工农城乡关系的基本导向(郭晓鸣 等，2018)。其具体表现为：消除城乡隔离的二元结构，拆除城乡之间的藩篱，实现生态环境共治、基础设施相通、公共服务共享、市场规则相同，生产要素在城乡之间顺畅流动，由“聚集效应”向“涓滴效应”转化①。新型工农城乡关系下，城乡之间的流动是变“被动挤压”为“主动选择”，让城市与乡村间的单向流动成为双向互动的动态过程，实现制度公平、福利共享，对于城市来说疏解了因城市资源过于集中带来的城市问题，对于乡村来说给予了农民主动选择就业和居住地的空间，从而减少了农村的留守问题②。

2. 本书对新型工农城乡关系的内涵界定

如何对新型工农城乡关系的“新”进行界定，本书认为需要以动态的角度去理解“新”的内涵。要说明“新”的内涵与特征，就有必要设定特定的历史阶段。本书认为，新型工农城乡关系就是从根本上改变产业空间与地域空间二元分割甚至对立发展的现状，适应高质量发展的基本要求，实现三次产业协调互助、生产要素优化配置、城乡空间一体协调发展。此状态下，我国城乡二元结构得到根本解决，产业结构调整与地域空间优化统筹推进。本书认为，新型工农城乡关系不仅是工与农、城与乡的关系得到了优化，也包括工农、城乡之间关系的双重互动，而且还是工、农、城、乡四个子系统之间相互支撑、深度融合的高质量协同发展。

2.2 新型工农城乡关系的外在表现

新型工农城乡关系的外在表现是什么，当前学术界并没有形成一个完整统一的定义。根据前文的时代内涵解读和基本内涵界定，本书认为，新型工农城乡关系主要有以下几方面的外在表现。

2.2.1 城乡保持各具特色的外部风貌

新型工农城乡关系下的城市与乡村呈现出各具特色的外部风貌。①城市吸纳了广大的就业人口，形成了大、中、小型城市协同发展的城镇体系。现代城市具备完善的立体交通网络、便捷的通信设施，可以满足常住人口需求的医疗、教育、住房保障。城市具有自身的主导产业和完善的产业体系，在生态保护、人居环境建设方面形成人与自然和谐共生的状态。②乡村的硬件发展水平成熟，村貌整洁、基础设施完备、生态环境宜居，同时注重文化传承、乡风文明、乡村治理等软件建设。乡村解决了基础设施瓶颈制约的问题之后，道路、供水供电、通信等项目建设逐渐完善。积极、健康、淳朴的乡风民俗得以重塑，乡风文明展现新气象。

2.2.2 要素在城乡间合理流动

在新型工农城乡关系下，城镇和农村劳动力市场的融合意味着由于户籍造成的流动约束以及由农村的农业户口和城镇的非农业户口的户籍属性所导致的不平等完全消除，所有居民不因为家庭出身、户籍属性都能获得公平的发展机会、享受同样的社会保障和社会福利（黄可人，2018）。在完善和创新市场组织下，工农生产要素实现合理流动和优化配置；

①资料来源：《国家治理》周刊，[2018-06-05].以城乡融合促乡村振兴，http://www.rmlt.com.cn/2018/0605/520310.shtml.

②资料来源：中国社会科学网-中国社会科学报，[2018-05-16].以“城乡融合”维护农村居民主体地位，http://news.cssn.cn/zx/bwyc/201805/t20180516_4252997_1.shtml.

在高效的政策引导下，要素流动的质量得到改善。通过环境建设、制度创新和强化服务，要素进入的成本和门槛得以降低，城市要素和国家、国际资源的被吸引进入，稀缺的资本、技术、信息等要素流入农村，农业现代化水平不断提升。

现代工业体系下先进的生产工艺、生产技术与管理方式逐渐渗透到产业体系下的各个行业门类，促成三次产业有序发展。户籍制度藩篱逐步破除，劳动者在城乡间可以自由落户与自由迁徙，他们可以根据自己的专业背景、兴趣爱好、生活习惯等选择在城乡之间生活工作。

金融资源从城市向农村流动的机制、渠道基本完善。农村人力资源实现“外生性+内生性”增长，城市集聚的高素质人才向广大的农村地区扩散，农村人口素质得以快速提升。城乡金融资源均衡配置，农村的人才资本加速积累，现代农业高质量发展，农村经济高速发展，农民收入快速增加，城乡实现地域空间上的良性互动。

2.2.3　农民成为一种职业

新型工农城乡关系语境下，“农民”一词不再代表某种身份，而是一种职业。农民和公务员、教师、工程师、医生等职业一样，只是属于不同的行业类别。在传统居住方式、生产方式与生活方式改变的前提下，农民实现了从身份向职业的转变。从事其他行业的人群可以选择“新型农民”这一职业，也可以在从事“农民”这一职业一段时间后，再切换到其他行业(图 2-1)。

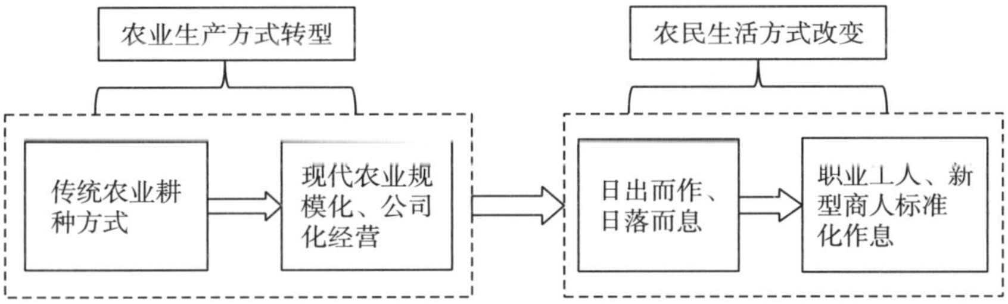

图 2-1　农业生产方式转型带动农民生活方式改变

农民成为一种职业，是与现代农业生产方式分不开的。在农业生产方式转型为规模化、公司化的经营后，传统由农民完成的农业种植等劳动由受雇于公司的雇员完成。标准化、信息化的农业生产方式，对农产品的品质、数量等进行监控，使农业与现代工业具备类似的生产流水线作业方式。受雇于农业公司的雇员和自主创业的新型商人替代了传统的农民，从事农业生产。

2.2.4　城乡基本公共服务均等化

从国家层面来看，我国科技、教育、经济、民生、人口素质等方面均达到国际先进水平，城乡公共服务体系日趋成熟。城乡基础设施不断完善，城乡基础设施互联互通。经济基础好的地区，基础设施建设在兼顾量的提升的同时，已经实现了质的飞跃；而相对落后的地区，基础设施建设实现量的充足，向着质的发展跃升。

城乡网络基本联通，城乡经济产业结构得以升级，要素禀赋实现由劳动密集型向资本密集型的转变。政府不仅对硬件基础设施，同时对制度环境、法律法规等软件基础设施进行投资建设，使之与新的要素禀赋结构相适应，使得产业结构突破资源要素、制度环境等方面的约束。

2.2.5 城乡居民共同富裕

消除两极分化、实现共同富裕是社会主义社会的本质要求。新型工农城乡关系的外在表现之一就是城乡居民实现共同富裕。但也要认识到，共同富裕不等于同时富裕。我国幅员辽阔，各地资源禀赋、历史积累、风土人情、人口分布等均存在不小的差异。例如，西藏自治区在1959年才彻底废除农奴制度，江浙一带早在明朝末期就已经产生资本主义生产关系的萌芽；民国时期的上海已经形成了较完备的工业体系，西部秦巴山区直到2020年才实现脱贫攻坚。城乡共同富裕，不是在某一时点的突然实现，而是通过时间积累对差距的逐渐填补。

共同富裕也不是收入的绝对平均，不是微观个体收入的完全等同。既然要肯定市场机制、价格机制在建立社会主义市场经济中的作用，就要承认市场竞争所带来的优胜劣汰的后果。个体收入是可以有一定差距的，但不能过大，并且要基于机会均等视角。首先，造成城乡福利不等的差别性政策、制度都需要消除，要为市场微观主体提供一个平等的制度环境。其次，政府要承担社会保障的职责，为困难人口实现小康生活提供支持，创造条件。

2.3 新型工农城乡关系构建的理论基础

二元结构失衡是包括中国在内的广大发展中国家在一定时期内存在的问题，二元结构失衡所要求的工农城乡结构性改革始终是发展中国家长期面临的挑战。梳理新型工农城乡关系构建的理论基础是厘清工农城乡关系统筹协调总体思路的重要环节。新型工农城乡关系构建的理论基础既包括马克思、恩格斯等经典作家的论述，又涵盖众多发展经济学学者的理论研究。在当代，仍有众多学者致力于研究我国工农城乡二元结构的战略设计与思路架构。这为本书新型工农城乡关系的统筹构建奠定了坚实的理论基础。

2.3.1 马克思、恩格斯等经典作家关于城乡关系的论述

马克思、恩格斯等经典作家对城乡对立的根源、城乡分离的产生及城乡融合的实现途径进行了探讨，深入研究了城乡发展的整个历史过程，具有较强的时代特色。马克思和恩格斯从生产力与生产关系相互作用的角度出发，对城乡发展关系与趋势、城乡融合的实现条件、外在表现等做了规范论述，对于正视当下我国经济发展阶段、启迪统筹构建新型工农城乡关系思路有重要的理论指导意义。

马克思和恩格斯(1995a)在研究生产关系时，对城乡关系十分重视，将城乡关系置于经济社会巨系统的重要一环加以研究，承认其在国民经济发展和产业结构平衡中起到重要的作用。马克思这样写道："城乡关系的面貌一旦改变，整个社会的面貌也跟着改变"，城乡分离作为一个历史范畴在社会经济发展中出现，最终方向是达到城乡融合。马克思、恩

格斯将城乡发展进程分成 3 个阶段：低水平和谐阶段、城乡分离阶段和高水平融合阶段。

第一阶段，低水平和谐阶段。在石器时代，社会协作关系紧密，城市在乡村的发展中生长，乡村培育和滋养着城市，“只要它(乡村)用壕沟和墙壁防守起来，乡村制度也就变成了城市制度”(马克思和恩格斯，1963)。

第二阶段，城乡分离阶段。随着工业革命的爆发，社会分工出现，随之导致城乡分离。“一个民族内部的分工，首先引起工商业劳动和农业劳动的分离，从而也引起城乡的分离和城乡利益的对立”(马克思和恩格斯，1995b)。“一切发达的、以商品交换为媒介的分工的基础，都是城乡的分离。可以说，社会的全部经济史，都概括为这种对立的运动”(马克思，1995)。

第三阶段，高水平融合阶段。在《共产主义原理》一书中，恩格斯首次提出了“城乡融合”的概念，认为只有社会生产力发展到一定阶段，才能促使城乡差别逐渐消失并逐步实现城乡融合。恩格斯进一步指出了城乡融合的外在表现形式：“工人和农民之间阶级差别的消失”和“城乡之间人口分布不均衡现象的消失”。由此可见，马克思和恩格斯等经典作家认为城乡对立必然要走向城乡融合，这是城乡关系发展的规律，根本推动力在于生产力的发展。

由于经济社会历史发展的必然性，城乡关系要经历“和谐→分离→融合”这一系列的转变。城乡在原始状态是无差别的，但是由于发展要求，社会分工导致城乡分离，但是这个不是理想状态，只是一个历史范畴。城乡共融、工农互促是高级状态，走向融合是城乡关系发展的必然。

但是，由于中华人民共和国成立后进行的社会主义建设中，采取“以农补工”政策与加剧城乡分离的二元制度，加剧了工农城乡发展失衡。直到现在，我国工农城乡关系的二元结构仍没有根本改观。

2.3.2　城乡二元结构及其转化理论

1. 刘易斯-费景汉-拉尼斯二元结构模型

二元结构理论奠基人威廉·阿瑟·刘易斯(W.A·Lewis)在 1954 年的论文《劳动力无限供给条件下的经济发展》中指出，发展中国家一般由传统农业部门和现代工商业组成二元经济结构。在一定条件下，传统农业部门的边际生产率为零或负，工人提供最低工资水平的劳动力，因此劳动力供给是无限的。城市工业部门的工资略高于农业部门的工资，并且假定该工资水平保持不变。由于两个部门的工资差异，导致农业剩余人口向城市工业转移。由于工业普遍集中在城市，后来的研究者又称其为城乡二元结构。

费景汉和拉尼斯(1992)在刘易斯模式的基础上，提出了新的人口流动模式。他们认为，农业剩余对工业部门的扩张和农业劳动的流动具有决定性意义。发展中国家经济发展的关键就在于如何把农业部门的伪装失业者全部流动到工业部门去。

迈克尔·托达罗(1992)对劳动力从农村向城市的流动现象进行了解释，他特别强调预期因素。他在 1970 年提出了农村劳动力向城市迁移的决策和就业概率行为模型。他认为，劳动力之所以向城市转移，是对预期收入的判断。人口流动是一种经济现象，是一种合乎理性的经济行为。人们关心的是城乡预期的收入差异。影响预期的是两个因素：城乡实际工资的差异有多大，在城市得到工作机会的可能性有多大。

综合来看，刘易斯肯定了发展中国家经济结构的特殊性，建立了二元经济结构的模式，且使用的是古典主义经济学的边际分析框架。费景汉和拉尼斯的基本思路与刘易斯一致。托达罗模式强调心理预期的作用。由此，要使发展中国家的人口流动问题有利于经济发展，必须从工、农、城、乡四方面统筹入手。首先，应当综合开发农村，在农村吸引企业进入，把经济活动和社会投资向农村引导。第二，就地实现剩余劳动力的转移，通过弱化二元结构的强度，来打破固有的平衡，才能形成国民经济结构的新局面(李克强，1991)。

刘易斯把工业化和城市化、劳动力转换和人口的地域迁移看成统一的过程，首次从工农、城乡双重视角对发展中国家的经济发展进行结构性研究，突破了哈罗德-多马模型基于传统经济增长理论的总量增长分析，更贴近发展中国家的现实，得到了众多经济学家的认可。虽然该模式存在一些缺陷，如城市部门工资水平在农业剩余劳动力完全被吸收之前保持不动，这不符合发展中国家的现实，但是，从工农、城乡二维视角分析经济发展，为经济学搭建了除总量分析框架外的另一个结构分析框架；更重要的是，该视角暗含产业活动具备空间属性这一观点。因而，新时代分析工农关系，不能仅限于分析产业结构、就业结构等产业内部结构演进，还要立足产业活动的空间属性，分析产业活动在城乡空间上的布局与迁移。

2. 国内学者对城乡二元结构理论的拓展

20 世纪 50 年代末，农村工业部门从传统农业部门中逐渐独立出来，构成我国三元经济结构的起点。李克强(1991)由此提出三元结构论，他认为依靠在农村就地转移劳动力、推动农村城市化的给定条件，农民要大规模地直接参与工业化进程，只能通过进入农村工业部门来实现。他提出了劳动力从农业部门就近转移到农村工业部门，再转移到城市工业部门的迂回的劳动力转移路线图。中国只有经历一个农业部门、农村工业部门与城市工业部门并存的三元结构时期，通过具有中间性质的农村工业部门构建起传统农业和现代工业之间的桥梁，才能加快国民经济结构一元化的转换过程。赵勇(1996)认为农村不仅创造出了高产值的非农产业，还促成了农村的劳动力就业结构变动。工业的集聚，带来了小城镇的兴旺，农村劳动力在小城镇的聚居，使农民的传统生活、居住方式发生了改变，为进一步市民化创造了条件。

但是，孙凯和高帆(2005)认为将工业划分成城市工业与农村工业是以产业在空间上的分布为划分依据，现代工业与传统农业的划分则是从工业与农业各自的发展速度来区分的。另外，现代工业要发展，必然会带来集聚效应，进而强化现代工业的增长极作用，助推工业转型升级。农村由于基础设施落后、人力资源短缺、劳动力匹配度较低等诸多劣势，导致农村工业无法像城市工业那样获取自身发展的内生动力。

一些学者认为，以农村工业与城市工业来区分经济结构的做法忽略了第三产业的发展，会导致单方面重视工业发展，有忽视农业和第三产业的倾向。基于此，徐庆(1996)认为，“我国的经济体系存在着城市现代部门、城市传统部门、乡镇企业部门和农村传统部门”。城市现代部门包括民营企业和部分建立了现代企业制度的国有企业，城市传统部门主要指效益低下的国有企业以及大部分经营条件较差、市场竞争力较弱的城市集体、私营和个体企业，乡镇企业部门则是指改革开放之初农村由农户或村民小组等兴办的各类小型个体企业(孙凯和高帆，2005)。这种观点认为，劳动力会由低效率的传统部门转向高效率的现代部门。

四元经济结构论是在继承了刘易斯-费景汉-拉尼斯二元结构模型基础上，将二元经济结构与我国当前工农城乡二元格局相结合的一种新思路。四元经济结构论具有明显的中国特色，用来描述中国的工、农、城、乡四元发展现状并论证其合理性。但孙凯和高帆(2005)认为，将农村工业和城市工业并列在一起，完全有可能在开展具体分析的过程中有意或者无意抹杀掉它们内部存在的非均质性。

上述几种理论探讨虽然都难以完全解释我国经济结构现状，但对于比较深入地认识我国的经济结构问题依然有着积极意义。尤其是三元经济结构论，它注意到我国经济结构中出现的特殊成分——农村工业(以乡镇企业为代表)，虽然存在划分标准模糊化的问题，但正确认识我国经济结构，可更好地把握农村工业部门的“桥梁”作用，加快城乡融合发展进程。

2.3.3　产业结构演进理论

1. 配第-克拉克定理

早在17世纪，英国古典经济学家威廉·配第(W.Petty)在其名著《政治算术》中指出，制造业比农业、商业比制造业能够带来更多的收入。在经济发展中，不同产业之间收入上的差异，会促使劳动力向能够获得更高收入的行业流动。

20世纪50年代，英国经济学家科林·克拉克(C.Clark)对产业结构演变的规律进行进一步探讨。克拉克使用劳动力指标考察了劳动力在各行业中分布状况的变化。他以费希尔的三次产业划分为基础，搜集和整理了若干国家的国民经济统计资料，得出以下结论：随着经济的发展，人均国民收入水平相应提高时，劳动力首先从第一产业向第二产业转移。当人均国民收入进一步提高后，劳动力从第二产业向第三产业转移。

配第-克拉克定理从一个国家经济发展的实践维度以及不同国家在同一时点的横截面数据中均能得出类似结论。人均国民收入越高，农业就业人口所占就业人口比例越小。

2. 库兹涅茨产业结构论

在1941年出版的著作《国民收入及其构成》中，诺贝尔经济学奖获得者西蒙·库兹涅茨(S.Kuznets)在早年从事国民收入核算体系研究的基础上，使用统计方法对一些发达资本主义国家在过去相当长时期的经济增长与国民收入变动过程进行了历史分析比较。发现经济增长不断改变着产业结构、消费结构和就业结构。农业过剩人口转向城市和工业，小业主转向大企业，促成了农业向非农业、工业向服务业的转变，这种转变反过来促进经济增长。发展中国家进入工业化阶段后，会经历产业结构从“一二三”转换到“二三一”最后到“三二一”的过程，即工业化初期带来第二产业占比的持续上升，工业化进入后期阶段，第三产业的国民财富创造能力增强，排在三次产业的首位。第一产业随着工业化进程，所占比例持续下降(张春玉，2007)。

3. 霍夫曼定理

德国经济学家霍夫曼(W.Hoffmann)重点对工业结构重工业化进行了研究。他通过近20个国家的时间序列数据，分析这些国家在发展过程中制造业部门内部资本资料工业和消费资料工业的比例关系变化状况，提出了著名的霍夫曼系数。霍夫曼以消费资料工业的生产和资本资料工业的生产在制造业中的比例为标准，把工业化进程划分为四个阶段(表2-2)。

表2-2　霍夫曼系数对应的工业化进程及特征

工业化阶段	霍夫曼系数	阶段性特征
第一阶段	5	消费资料工业生产在制造业中占主导地位，资本资料工业不发达
第二阶段	2.5(±1)	资本资料工业得到较快发展，但消费资料工业规模远大于资本资料工业规模
第三阶段	1(±0.5)	消费资料工业和资本资料工业规模大致相当
第四阶段	低于1	资本资料工业规模大于消费资料工业规模

在发展中国家推行工业化战略的过程中，工业越来越受到落后的农业的制约。人们开始重新认识农业在经济发展中的作用。早前强调工业化的刘易斯、纳克斯等人，也开始承认农业的重要性。20世纪60年代，库兹涅茨及其他发展经济学家根据对农业重要性的认识，提出了农业贡献有四个方面，分别是产品贡献、市场贡献、要素贡献和外汇贡献，这是对传统的“农业是工业附属”观念的纠偏。之后，舒尔茨等人关于农业问题的权威性著作发表，农业的重要性被提到前所未有的高度。许多学者提出迅速发展农业的计划与战略，强调工农协调发展。

库兹涅茨与霍夫曼的研究主要是围绕产业结构变化的方向、路径和规律进行的。当前，我国三次产业之间的关系及三次产业的融合路径是工农关系研究的重要领域。只有明确了产业结构演进的方向，才可以按照其演进规律促进三次产业迭代升级与融合，从而为构建新型工农城乡关系奠定产业基础。

4. 地域发展的空间均衡与非均衡理论

经济学均衡思想在空间层面的应用，形成了空间均衡思想。随着经济学理论研究的进展，其形成过程大致经历了区域分工、区位选择和新经济地理条件下的空间均衡思想3个主要阶段(贾善铭，2014)。

区域分工理论的研究源于亚当·斯密(A.Smith)的绝对优势理论。他认为各国必须生产具有绝对成本优势的产品，并与他国进行贸易，才能获得贸易均衡。随后从亚当·斯密的绝对优势理论出发，大卫·李嘉图(D.Ricardo)的比较优势理论也论证了这一点。大卫·李嘉图从假设的一些条件(生产技术不变、资源充分利用、完全竞争等)得出三点结论。参加贸易的两国按生产成本相对较低的原则进行生产，并与对方进行产品交换；双方国家不受本国资源约束，可以交换并消费自己不能生产的产品；自由贸易不受干涉，双方资源利用充分。随后，俄林(B.Ohlin)提出要素禀赋理论，进一步丰富了该领域的研究。他认为，各国要素禀赋的差异以及生产各种商品要素比例的差异是国际贸易的基础。

冯·杜能(Thünen，1826)首次将空间引入经济学的分析框架，创立了农业区位理论。

随后阿尔弗雷德·韦伯(Weber，1909)提出工业区位论，从劳动力成本、运费节约和聚集经济等方面来解释工业活动集中的现象。他把工业的总运输成本最小化作为厂商区位的决定性指标，这一理论与微观经济学中利润最大化原则的区位选址是不一致的。之后，沃尔特·克里斯特勒(Christaller，1933)和奥古斯汀·廖什(Lösch，1940)发展了工业区位论，提出了中心地理论。该理论从利润最大化原则出发，分析完全竞争市场下厂商如何进行选址，首次提出了六边形的区位均衡模式。这三个理论作为古典区位理论的主要组成，分别从农业与工业，成本最小和利润最大化出发研究区位选址行为，提出了微观主体各异的空间均衡实现方式。在此基础上，新经济地理学创始人保罗·克鲁格曼(Krugman，1991a)建立了“中心-外围”(core-periphery，CP)模型，在空间经济学中清晰地表明了运输成本、收益递增、关联效应对空间集聚的重要作用，研究工业向某地聚集的原因。

区域均衡发展理论采用静态分析方法，内设了诸多前提假设条件，与发展中国家的客观现实不符。发展中国家大都面临资金缺乏的问题，实现全域均衡发展不符合现实，因而非均衡发展理论对发展中国家实现跨越式发展具有一定指导意义。非均衡发展理论包括有倒“U”形理论(Williamson，1965)、增长极理论(Perroux，1955)、循环累积因果论(Myrdal，1957)、不平衡增长论(Hirschman，1958)、中心-外围理论(Krugman，1991b)等。其中，增长极理论被认为是西方区域经济学中经济区域观念的基石，其认为一个国家要实现平衡发展只是一种理想，在现实中是不可能的，经济增长通常是从一个或数个“增长中心”逐渐向其他部门或地区传导，因此应选择特定的地理空间作为增长极，以此为中心带动地域空间的经济发展。

非均衡发展理论的政策含义十分明确，发展中国家要实现工业化和现代化。应当建立增长极，通过增长极对自身的发展和其他地区或部门的影响，带动整个经济的发展。增长极的形成有两种途径：一是市场机制的自发调节引导企业和行业在某些大城市和发达地区聚集发展而自动产生；二是由政府通过经济规划和重点投资来主动培育增长极。

通过梳理空间均衡与非均衡理论，可以发现两者存在一定共识，即任何国家的经济发展轨迹必然要经历城乡二元发展阶段，这是经济发展的普遍规律。在经济发展初期，不平衡增长对发展中国家更具有吸引力。非均衡增长强调了资源稀缺对经济发展的约束，还强调了经济计划的必要性，指出了发展中国家市场发育缺陷这一现实困境。

结合马恩经典著作对城乡关系的论述，城乡关系要经历“低水平融合—分离—高水平融合”三个阶段。将其对应到空间范畴上，即表现为空间均衡(低水平的均衡)、空间非均衡、空间均衡(高水平的均衡)三个阶段。由此，基于空间均衡理论和空间非均衡理论，对于如何实现城乡之间经济活动的均衡分布、合理布局、互促发展、融合共生具有重要的理论支撑价值。

第三章　新型工农城乡关系的判别

新型工农城乡关系表现为产业空间和地域空间统筹协调、有机耦合的高质量发展状态，反映为经济绿色高效、社会稳定和谐、环境友好宜居。工农城乡关系在现实中有多层次呈现状态，不仅需要从其基本内涵与外在表现等方面进行定性描述，还应当依据新型工农城乡关系的基本内涵和外在表现对其主要方面进行量化，通过设定具体、清晰的刻画指标，以构建出新型工农城乡关系评价指标体系，对工农城乡发展状态进行判别。

本章从反映工农互促有效度、城乡发展协调度的角度出发进行体系设计，在一定程度上均衡各子系统的权重，使评价结果更能反映现实情况；构建耦合协调度模型，测算工农互促有效度与城乡发展协调度二者之间的协调系数，同时衡量其既同步又发展的程度；运用判别指标和模型，定量测算 31 个省(区、市)2012～2018 年工农互促与城乡融合的协调水平，找出工农互促、城乡共融过程中亟待解决的瓶颈问题，为判定我国新型工农城乡关系的发展现状及提升工农城乡关系发展质量提供实证依据。

3.1　判别指标体系的构建与数据来源

3.1.1　现有评价指标体系评述

现有对工农城乡关系的判别及其耦合协调分析的研究主要集中在 3 个方面。

(1) 以工业化、城镇化、信息化、农业现代化和绿色化 5 个方面为一级指标构建评价指标体系，以此计算“五化”的耦合协调度，从而对工农城乡关系及其耦合协调发展现状进行评判和分析。侯纯光等(2016)从工业化发展指数、城镇化发展指数、信息化发展指数、农业现代化发展指数和绿色化发展指数 5 个层面出发，构建了包含工业化程度、经济城镇化、信息基础、农业生产率、环境保护等在内的共计 21 个二级指标的评价体系。聂梁林等(2016)从城镇化(经济社会发展人民富裕因子、城镇统筹人民生活质量因子、政府公共服务基础设施因子)、新型工业化(环境污染因子、经济效益和资源利用因子、科技含量因子)、农业现代化(现代化和生产力水平因子、农业可持续发展能力因子)、信息化(装备设施技能因子、发展体量动力因子)、绿色化(生产源头绿色技术因子、宜居环境因子)5 个层面共 12 个方面构建了评价体系。华淑名和高志刚(2017)从新型工业化、新型城镇化、农业现代化、信息化和基础设施现代化 5 个层面出发，构建了包含工业化水平和结构、生活城镇化、农业科技水平、信息资源和装备、交通运输系统等在内的共计 23 个二级指标的评价体系。江孝君等(2017)构建了包括工业化、城镇化、农业现代化、信息化和绿色化的分系统发展指数，二级指标共计 30 个，包括工业就业占比、人口城镇化率、农业劳动机械化率、互联网宽带普及度、污水处理率等。白雪等(2018)从新型工业化、信息化、新型城镇化、农业现代化、绿色化 5 个角度出发，构建了由科技含量、经济效益、资源消耗、人力资源产业发展、网络设施、人才素质、经济发展、社会环境、城市功能、城乡统筹、农业发展、水利建设、资源环境、资源丰度、环境压力、污染治理共计 16 个二级指标构成的评价指标体系。

(2)基于城市和乡村这两个系统分别构建评价指标，在评价城市系统与农村系统各自发展水平的基础上进一步计算城乡发展的耦合协调度，以此评价城乡关系。王维(2017)基于社会、经济、人口等角度构建了城乡协调发展评价分析体系，对于城市子系统，选取了收入支出、产业占比、科技教育、居民生活等指标；对于乡村子系统，选取了收入支出、从业人口占比、农业现代化、生活质量等指标。马力阳等(2017)从城镇人口、经济、社会、土地 4 个维度，农村发展能力和发展状态 2 个维度分别出发，建立了城镇化水平和农村发展水平评价指标体系。王颖等(2018)从经济、人口、空间、社会文化这 4 个领域出发，选取城市系统和农村系统各 12 个指标，包括城市单位从业人员数、城市在岗职工平均工资、城市每万人医生数、城市每万人中小学教师数、乡村人均第三产业产值、农业机械总动力、乡村从业人员数、乡村非农劳动力占比等共计 24 个指标。

(3)基于三次产业分别构建评价指标，在分别评价三次产业子系统发展水平的基础上计算工农发展的耦合协调度，以此评价工农关系。蒋辉等(2017)从农业、工业和第三产业 3 个层次构建了三次产业融合发展评价指标体系，包括农民收入水平、工业化率、第三产业产出水平等 12 个二级指标。盛光华(2017)从三次产业国内生产总值、三次产业国内生产总值占比、三次产业增长率、三次产业贡献率、三次产业拉动率 5 个方面出发考察了三次产业的耦合协调度。巫强等(2018)从产业增加值和就业两方面测算了长三角三次产业的耦合协调程度。

现有指标体系构建多将城市、乡村、工业、农业、服务业分别作为子系统进行指标设计，通过耦合协调度计算，评价工农城乡关系或工农城乡发展的协调程度。现有指标体系未直接从反映工农互促有效度、城乡发展协调度的角度出发进行体系设计，可能存在对部分子系统赋予权重过大、同时弱化其他子系统权重的问题。

因此，本书认为直接将工农作为一个子系统、将城乡作为一个子系统，一方面能够减少因子系统过多导致的指标权重偏倚过大的情况，另一方面可以更为直接地反映当前工农、城乡的融合与协调发展状态。基于此，本书以已有研究为基础，直接将工农互促有效度、城乡发展协调度作为二级指标，设计新型工农城乡关系的评价指标体系，希望能够在一定程度上更加合理地分配三级指标的权重，从而提高评价结果的可靠性。

3.1.2　新型工农城乡关系判别指标体系的构建原则与构建思路

1. 判别指标体系的构建原则

构建新型工农城乡关系判别指标体系是一个复杂的系统工程，在构建过程中应遵循六大原则：第一，系统性原则，评价体系需全面反映新型工农城乡关系的基本特征；第二，代表性原则，要对全国 31 个省(区、市)的工农城乡关系发展水平进行判别，所选的指标应该具有充分的针对性；第三，层次性原则，判别指标体系既要有反映工农系统和城乡系统分别发展水平的指标，还要有反映工农系统内部(三次产业之间)和城乡系统内部(城乡发展之间）协调发展的指标；第四，可操作性原则，指标数据的可操作性包括数据的可获取性和指标的可量化性两个方面；第五，统一性原则，我国地域辽阔、经纬跨度大、资源分布不均，各省（区、市）之间工农城乡的发展水平良莠不齐，从可比对的角度出发，构建新型工农城乡关系判别指标体系时，其判别指标需具备共通性；第六，可持续发展原则，新型工农城乡关系是经济社会协调稳定、人与自然和谐共生的发展状态，其判别指标体系的构建必须落实可持续发展理念，同时将全面小康和高质量发展作为终极目标。

2. 判别指标体系的构建思路

新型工农城乡关系判别指标体系的构建，应该以工与农、城与乡、工农与城乡统筹协调发展的内在要求为基础，结合国民经济学（经济增长）、区域经济学（城乡关系）、产业经济学（工农关系）、统计学（指标体系设计）等相关理论知识，同时遵从系统性、代表性、层次性、可操作性、统一性和可持续性这六大原则。

根据新型工农城乡关系的内涵界定、判别指标体系的构建原则，结合前文论述，立足于已有研究，本书从工农系统和城乡系统两个子系统出发，选取工农互促有效度、城乡发展协调度作为一级指标。选取工农产业融合度、经济作物产量比重、城乡恩格尔系数之比、城乡污水治理水平之比等 20 个二级指标，构建出一套能够有效地识别新型工农城乡关系状态、判定新型工农城乡关系水平的指标体系，力图全面、高效地评判我国 31 个省（区、市）工农城乡关系的最新发展状态、水平及存在的问题，从而提出差异化的完善方向和改进措施。

其中，工农互促有效度从产业融合度、产业提质度、经济利益协调度、技术层面的互助程度 4 个层面进行反映。从工农产业、一三产业、农民与二三产业（刻画一二三产业）的融合度出发，全面考察三次产业的融合度，可以探究当前城乡产业的融合程度。工农互促的重要目标是实现产业的提质增效，所以从非农产业和农业两个角度出发考察产业提质度。工农互促当前阶段的任务仍以以工促农为主，所以基于经济利益协调度考察当前农产品生产成本（工业产品投入成本）与销售收入（农产品销售收益）的利益分配情况、基于技术互助程度考察农业现代化程度，以此探究当前工农产业的技术水平、市场定价的差异，差异越小，表明工农互促水平越高。

城乡发展协调度则包括城乡经济、社会、生活的融合度和生态环境保护程度 4 个方面的内容。城乡协调发展不仅仅是经济发展水平相当，更表现为社会进步程度、生活水平达到协调一致。与此同时，经济社会发展不能以破坏生态环境为代价，应该竭力对当前的生态环境进行有效保护，所以城乡协调发展与否，要从经济、社会、生活、生态 4 个方面进行考量。

3.1.3 新型工农城乡关系判别指标体系的确立

新型工农城乡关系的判别指标体系由工农互促有效度、城乡发展协调度两个方面的内容组成。

1. 工农互促有效度

工农互促有效度是新型工农城乡关系的主要内容之一，而就当前三次产业的发展而言，更多表现为工业对农业的促进作用。新型城乡关系要求各个产业部门之间不是单打独斗、单兵作战，而是互动互促、融合协调，形成三次产业互相促进、一体发展的良好局面。工农互促有效度从产业融合度、产业提质度、经济利益协调度、技术层面的互助程度这四个层面进行评判，具体包括工农产业融合度、一三产业融合度、农民与二三产业融合度、非农产业专业化系数、经济作物产量占比、工农业商品交换比价指数、工农业商品综合比价指数、单位耕地农机总动力、农林牧渔人均用电量和设备工具器具配置城乡比 10 个指标。

2. 城乡发展协调度

由最初的“城乡分离”到当前的“城乡互补”，城乡关系是不断发展和变化的，从当前来看，新型工农城乡中的城乡关系主要体现为城市和乡村的互补及融合。城乡的协调程度与城乡空间互动、城乡经济活力、城乡社会发展、城乡居民生活水平、城乡生态治理等有关，具有多维性和复杂性。因此，建构适应经济、社会、生活、生态共同发展的城乡空间形态对新型工农城乡关系的统筹协调发展是极为重要的。本书主要基于城乡经济发展融合度、城乡社会发展融合度、城乡居民生活水平融合度和城乡生态环境保护融合度共计 4 方面，对城市和乡村发展的协调程度进行衡量。其具体指标包括城乡恩格尔系数之比、城乡居民人均固定资产投资之比、城乡居民人均收入比、城乡医疗卫生机构床位数之比、城乡卫生技术人员数之比、城乡发展型消费支出之比、城乡居民信息化指数之比、城乡居民对外交流水平之比、城乡污水治理水平之比、城乡环境卫生治理水平之比 10 项指标。

综上，可得新型工农城乡关系判别指标体系（表 3-1），表中同时注明了各相应指标的计算方法及其说明。

表 3-1 新型工农城乡关系判别指标体系

一级指标	二级指标	三级指标	评价指标	单位（符号）	评价指标极性	指标说明或算法
新型工农城乡关系	工农互促有效度	产业融合度	工农产业融合度（X_1）	%	+	农副产品加工业销售产值/工业产值销售占比×100%，表示第一产业和第二产业的融合水平
			一三产业融合度（X_2）	%	+	农林牧渔服务业/农林牧渔产值占比×100%，表示第一产业和第三产业的融合水平
			农民与二三产业融合度（X_3）	%	+	人均工资性收入/农民人均可支配收入×100%，表示乡村人员在二三产业的就业情况
		产业提质度	非农产业专业化系数（X_4）		+	$1-\frac{1}{非农产业区位熵}$，非农产业区位熵=$\frac{地区非农产业产值}{地区GDP}\div\frac{全国非农产业产值}{全国GDP}$
			经济作物产量占比（X_5）	%	+	经济作物产量/农作物总产量×100%，表示种植的农作物总体质量的增长水平
		经济利益协调度	工农业商品交换比价指数（X_6）	%	+	农业产品生产价格总指数/农村产品零售价格指数×100%，表示工业产品和农业产品交换比例变动情况
			工农业商品综合比价指数（X_7）	%	+	农业产品生产价格总指数/农村生产资料价格指数×100%，表示工业和农业剪刀差变动情况

续表

一级指标	二级指标	三级指标	评价指标	单位(符号)	评价指标极性	指标说明或算法
新型工农城乡关系	工农互促有效度	技术层面的互助程度	单位耕地农机总动力(X_8)	万千瓦/千公顷	+	农机动力/耕地总面积
			农林牧渔人均用电量(X_9)	亿千瓦/万人	+	农林牧渔总用电量/农村总人口
			设备工具器具配置城乡比(X_{10})	%	+	农村设备工具器具配置金额/城市设备工具器具配置金额×100%
	城乡发展协调度	城乡经济发展融合度	城乡恩格尔系数之比(X_{11})	%	+	城镇居民恩格尔系数/农村居民恩格尔系数×100%，越接近 1，表示城乡之间居民生活水平越接近
			城乡居民人均固定资产投资之比(X_{12})	%	+	农村居民人均固定资产投资/城镇居民人均固定资产投资×100%，表示城乡之间资本积累水平的差异
			城乡居民人均收入比(X_{13})	—	-	城镇人均可支配收入/农村人均纯收入
		城乡社会发展融合度	城乡医疗卫生机构床位数之比(X_{14})	—	-	城镇医疗卫生机构床位数/农村医疗卫生机构床位数
			城乡卫生技术人员数之比(X_{15})	—	-	城镇卫生技术人员数/农村卫生技术人员数
		城乡居民生活水平融合度	城乡发展型消费支出之比(X_{16})	—	-	城镇人均文教娱乐支出/农村人均文教娱乐支出
			城乡居民信息化指数之比(X_{17})	—	-	(城镇彩色电视机拥有率×20%＋城镇移动电话拥有率×40%+城镇电脑拥有率×40%)/(农村彩色电视机拥有率×20%+农村移动电话拥有率×40%+农村电脑拥有率×40%)
		城乡生态环境保护融合度	城乡污水治理水平之比(X_{19})	—	-	城市人均污水治理支出/农村人均污水治理支出
			城乡环境卫生治理水平之比(X_{20})	—	-	城市人均环境卫生治理支出/农村人均环境卫生治理支出

3.1.4　数据来源及处理方法

基于数据的可得性及全面性原则，可选取宏观层面的全国数据作为分析对象，也可选取中观层面的省域数据作为分析对象，但是考虑到我国地域辽阔，各省(区、市)之间的发展千差万别，本书选取省域单元为研究对象。根据构建的新型工农城乡关系判别指标体系(表 3-1)，对我国 31 个省(区、市)2012～2018 年的工农城乡关系状态进行判别和评价。数据获取自《中国统计年鉴》(2013～2019 年)、《中国农业年鉴》(2013～2018 年)、《中国农村统计年鉴》(2013～2019 年)、《中国环境统计年鉴》(2013～2019 年)及 2013～2019 年 31 个省(区、市)的统计年鉴，对于缺省数据，本书采用线性插值法补缺。

为方便数据分析，首先对数据进行标准化处理，参照何逢标(2010)，将指标数据分为越大越优型以及越小越优型进行标准化处理。

正指标标准化处理：

$$r_{ij} = \left\{x_{ij} - \min[X(i,j)]\right\} / \left\{\max[X(i,j)] - \min[X(i,j)]\right\} \tag{3-1}$$

逆指标标准化处理：

$$r_{ij}=\left\{\max[X(i,j)]-x_{ij}\right\}/\left\{\max[X(i,j)]-\min[X(i,j)]\right\} \tag{3-2}$$

式中，r_{ij} 为 x_{ij} 标准化之后的值，$\max(x_j)$、$\min(x_j)$ 分别为第 j 个指标的最大值和最小值。

得 2012～2018 年共计 7 年的标准化矩阵 $\boldsymbol{R}_t=(r_{ij})_{31\times20}$，其中 t 为2012～2018，i 代表省份，j 代表指标。

3.2　工农关系和城乡关系评价分析

3.2.1　评价体系指标权重确定

使用指标体系对事物进行评价需要确定各指标的权重，本书采用熵权法对各指标进行赋权。熵权法是一种客观赋权方法，根据各指标的变异程度，利用信息熵计算出各指标的熵权对指标权重进行修正，然后得出指标权重，特别适合于新型工农城乡关系识别指标体系此类具有诸多影响因素的动态空间系统的权重处理。熵权法的计算公式如下所示。

熵权：

$$W_j=\frac{1-e_j}{\sum_{j=1}^{n}(1-e_j)} \tag{3-3}$$

其中，

$$e_j=-\frac{1}{\ln(31\times5)}\sum_{i=1}^{6}np_{ij}\ln(p_{ij})$$

$$p_{ij}=\frac{r_{ij}}{\sum_{i=1}^{31\times7}r_{ij}} \tag{3-4}$$

式中，e_j 表示指标 j 所包含的信息熵；p_{ij} 表示区域 i 在指标 j 上的贡献度，n 为指标总个数。与此同时，本书认为工农系统和城乡系统居于同等地位，因此，本书对工农互促有效度和城乡发展融合度分别赋权 0.5 和 0.5。

基于此，本书根据上述计算公式，分工农互促有效度和城乡发展融合度两个子系统，按照每个子系统权重值 0.5，分别计算各指标权重，得各指标权重(表 3-2)。

表 3-2　新型工农城乡关系识别指标体系评价指标的权重确定

一级指标	二级指标	三级指标	评价指标	指标权重(w_j)
新型工农城乡关系	工农互促有效度	产业融合度	X_1	0.0424
			X_2	0.0394
			X_3	0.0259
		产业提质度	X_4	0.0121
			X_5	0.0305
		经济利益协调度	X_6	0.0082
			X_7	0.0149
		技术层面的互助程度	X_8	0.1680
			X_9	0.0659
			X_{10}	0.0928

续表

一级指标	二级指标	三级指标	评价指标	指标权重(w_j)
新型工农城乡关系	城乡发展协调度	城乡经济发展融合度	X_{11}	0.0529
			X_{12}	0.1800
			X_{13}	0.0534
		城乡社会发展融合度	X_{14}	0.0411
			X_{15}	0.0576
			X_{16}	0.0084
		城乡居民生活水平融合度	X_{17}	0.0425
			X_{18}	0.0473
		城乡生态环境保护融合度	X_{19}	0.0058
			X_{20}	0.0110

3.2.2　系统层面综合评价得分

为计算系统层面综合评价得分，本书分两步进行计算。

(1)计算单项指标评价得分：

$$z_{ij}=r_{ij}\times w_j \tag{3-5}$$

其中，w_j为相应指标的权重；r为指标标准化之后的值，z为指标加权后的得分值。

(2)计算i省的综合得分：

$$Z_{im}=\sum_{j=s}^{n}z_{ij} \tag{3-6}$$

式中，m用以识别计算得分时对应的工农互促有效度系统、城乡发展协调度系统、新型工农城乡关系系统；n和s为评价指标的下标j所处范围，如，n=10、s=1表示j=1、2、3、…、10。当m=1，n=10，s=1时，得工农互促有效度综合得分；当m=2，n=20，s=11时，得城乡发展协调度综合得分；当m=3，n=20，s=1时，得新型工农城乡关系综合得分。

计算综合得分结果如表3-3所示。

表3-3　2012～2018年新型工农城乡关系判别综合评价得分

省(区、市)	2012年	2013年	2014年	2015年	2016年	2017年	2018年
北京	0.6044	0.5282	0.5044	0.4926	0.4178	0.4728	0.5092
天津	0.5379	0.5374	0.5367	0.5314	0.5168	0.5226	0.4825
河北	0.5570	0.5474	0.5121	0.5529	0.4775	0.4745	0.4941
山西	0.4865	0.4494	0.4391	0.4386	0.3660	0.4651	0.4854
内蒙古	0.3136	0.2976	0.3258	0.3743	0.3418	0.3463	0.3402
辽宁	0.4237	0.4138	0.4225	0.4695	0.5510	0.4829	0.5189
吉林	0.4463	0.4207	0.4235	0.4104	0.3525	0.3606	0.3638
黑龙江	0.5237	0.5273	0.4884	0.5380	0.4375	0.4028	0.4098
上海	0.3613	0.3388	0.3041	0.2951	0.3118	0.3177	0.3019

续表

省(区、市)	2012年	2013年	2014年	2015年	2016年	2017年	2018年
江苏	0.5005	0.4571	0.4446	0.4561	0.4793	0.4577	0.4906
浙江	0.6300	0.6020	0.5903	0.6088	0.5351	0.5111	0.5792
安徽	0.4732	0.4729	0.4659	0.4874	0.4747	0.4280	0.4667
福建	0.4728	0.4602	0.4649	0.4892	0.4701	0.4291	0.4403
江西	0.5461	0.4133	0.4166	0.4263	0.3802	0.3591	0.3854
山东	0.6447	0.6227	0.5989	0.6129	0.5514	0.5372	0.5560
河南	0.5378	0.5262	0.4945	0.5143	0.4975	0.4414	0.4275
湖北	0.4930	0.5055	0.4874	0.5092	0.4812	0.4641	0.4702
湖南	0.4996	0.5042	0.4865	0.5335	0.5305	0.4968	0.5243
广东	0.5163	0.5068	0.4586	0.4571	0.4185	0.3935	0.4253
广西	0.4463	0.4726	0.4729	0.4928	0.4706	0.4603	0.4702
海南	0.4664	0.4421	0.4211	0.4506	0.4805	0.4141	0.3738
重庆	0.3405	0.3355	0.3151	0.3299	0.3109	0.2954	0.3316
四川	0.3696	0.3780	0.3704	0.3907	0.3661	0.3599	0.3927
贵州	0.3260	0.3454	0.2836	0.3432	0.3359	0.2581	0.3233
云南	0.3435	0.3573	0.3321	0.3547	0.3316	0.3933	0.3288
西藏	0.3738	0.3735	0.3338	0.3808	0.4084	0.4508	0.5620
陕西	0.4817	0.4609	0.3776	0.4190	0.3948	0.4051	0.4412
甘肃	0.3478	0.3694	0.3510	0.3677	0.3235	0.3570	0.4150
青海	0.4500	0.4340	0.3604	0.3340	0.3384	0.2998	0.3254
宁夏	0.4627	0.4824	0.4347	0.4449	0.3962	0.3875	0.4466
新疆	0.5311	0.5093	0.4416	0.3992	0.4277	0.3832	0.4438

注：2012～2018年工农互促有效度综合评价得分和城乡发展协调度综合评价得分结果见附表1和附表2。

3.2.3　综合评价得分结果分析

从新型工农城乡关系的评价结果看(表3-3)，2012～2018年我国31个省(区、市)之间的发展差距明显，且绝大部分省(区、市)逐年之间的相对变动并不明显，仅西藏、辽宁、甘肃的改善状况较为明显。从综合优劣情况来看，2012～2018年协调发展状况最好的为山东，其次为天津，最差的为云南、贵州、四川、重庆；从板块分布来看，呈现出东部占优、中部次之、西部和东北最为落后的状况，且东、中、西、东北四大板块之间存在较大差距(表3-3)。这说明，我国的区域发展差距较大，呈现出“东中占优、区域失衡”的特征。

3.3　新型工农城乡关系判别分析

3.3.1　新型工农城乡关系判别模型简介

新型工农城乡关系涉及工农系统(产业系统)和城乡系统(地域系统)两个系统单元，新时代背景下要求走工农互促、城乡共融的发展道路，为此工农系统和城乡系统的耦合协调情况是判别新型工农城乡关系的重要依据。为了量化工农系统和城乡协调之间的相互影响，本书基于前述构建的我国新型工农城乡关系评价指标体系，建立耦合协调关系模型，测算工农互促有效度与城乡发展协调度二者之间的协调系数，量化分析我国31个省(区、市)2012～2018年这7年间工农互促与城乡融合的协调情况，找出工农互促、城乡共融过程中亟待解决的瓶颈问题，为判定我国新型工农城乡关系的发展现状及提升工农城乡关系发展状态提供实证依据。

评价耦合协调关系，可采用耦合度模型和耦合协调度模型。耦合度可用来反映工农系统和城乡系统之间相互作用、彼此影响的强度，但是难以反映系统整体协调发展的水平。耦合协调度模型可衡量两个系统单元在发展过程中彼此和谐一致的程度，该指标既考虑了系统单元间相互作用的强度，又关注了各系统单元的发展水平，可衡量工农互促有效度与城乡发展协调度既同步又发展的程度。

1. 耦合度模型

耦合原是物理学中的概念，是指不止一个的系统通过各类内在因素相互作用、影响的现象。多系统相互作用的耦合度模型为

$$C_n=\sqrt[n]{\prod_{m=1}^{n} z_m \Big/ \left(\sum_{i=1}^{n}\frac{z_m}{n}\right)^{n}} \tag{3-7}$$

式中，C_n表示n个系统间的耦合度，此处$n=2$，$0\leqslant C_n\leqslant 1$，且系统间的协调度随$C_n$的增加而增大，当$C_n\to 0$时处于无关状态，$z$是系统得分值。

所以2012～2018年i省工农系统与城乡系统的耦合度计算公式为

$$C_{it}=\sqrt[2]{\left(z_{i1,t}\times z_{i2,t}\right)\Big/\left(\frac{z_{i1,t}+z_{i2,t}}{2}\right)^{2}} \tag{3-8}$$

式中，t为2012～2018；$z_{i1,t}$、$z_{i2,t}$分别为第t年i省的工农互促有效度综合评价得分和城乡发展协调度综合评价得分。

2. 耦合协调度模型

在耦合度模型的基础上，可得衡量i省第t年工农互促有效度与城乡发展协调度既同步又发展程度的耦合协调度模型：

$$D_{it}=\sqrt{C_{it}\times T_{it}} \tag{3-9}$$

其中，$T_{it}=\alpha\cdot z_{i1,t}+\beta\cdot z_{i2,t}$，为工农系统和城乡系统的综合协调指数，反映工农、城乡的整体发展水平对协调度的贡献。α、β为待定系数，分别表示工农互促有效度与城乡发展

协调度的贡献系数，其取值取决于工农、城乡系统的相互促进程度及相对重要程度，工农互促发展水平的提高与城乡融合进程的不断推进是同步发展、相互促进的，在当今我国推进以城乡共荣为重点的新型工农城乡的时代背景下，工农、城乡系统居于同等地位，为此本书α、β都取值0.5；$0 \leqslant D_{it} \leqslant 1$，$D_{it}$越趋近于1，第$t$年$i$省工农系统和城乡系统的协调发展程度越高。

当前学术界对于系统耦合协调度的判断尚未形成统一标准。结合本书研究重点，本书将工农系统与城乡系统的耦合协调度划分为10个等级(表3-4)。

表3-4 耦合协调度等级划分及其含义

协调等级	耦合协调度	含义
1	0.0000～0.1000	极度失调
2	0.1000～0.2000	高度失调
3	0.2000～0.3000	中度失调
4	0.3000～0.4000	轻度失调
5	0.4000～0.5000	濒临失调
6	0.5000～0.6000	勉强协调
7	0.6000～0.7000	初级协调
8	0.7000～0.8000	中级协调
9	0.8000～0.9000	良好协调
10	0.9000～1.0000	优质协调

3.3.2 产业系统与地域系统耦合协调发展水平测度

根据上述耦合协调度计算公式及2012～2018年全国31个省(区、市)的工农互促有效度综合评价得分和城乡发展协调度综合评价得分，计算得2012～2018年产业系统与地域系统的耦合协调度(表3-5)。

表3-5 2012～2018年产业系统与地域系统耦合协调度

省(区、市)	2012年	2013年	2014年	2015年	2016年	2017年	2018年
北京	0.5425	0.5058	0.4904	0.4804	0.4481	0.4734	0.4918
天津	0.5176	0.5149	0.5110	0.5089	0.5041	0.5049	0.4855
河北	0.5263	0.5225	0.5055	0.5244	0.4860	0.4859	0.4969
山西	0.4813	0.4685	0.4575	0.4587	0.4181	0.4612	0.4894
内蒙古	0.3740	0.3609	0.3692	0.3917	0.3739	0.3847	0.3877
辽宁	0.4447	0.4371	0.4369	0.4507	0.4886	0.4514	0.4869
吉林	0.4353	0.4327	0.4266	0.4115	0.3823	0.3898	0.4104
黑龙江	0.4757	0.4848	0.4528	0.4709	0.4373	0.4210	0.4349
上海	0.4160	0.4057	0.3855	0.3819	0.3935	0.3944	0.3878
江苏	0.4868	0.4654	0.4612	0.4709	0.4871	0.4762	0.4942

续表

省(区、市)	2012年	2013年	2014年	2015年	2016年	2017年	2018年
浙江	0.5438	0.5286	0.5196	0.5283	0.5077	0.4952	0.5233
安徽	0.4805	0.4817	0.4720	0.4843	0.4861	0.4598	0.4814
福建	0.4801	0.4748	0.4727	0.4846	0.4822	0.4599	0.4682
江西	0.5186	0.4279	0.4275	0.4418	0.4260	0.4155	0.4339
山东	0.5668	0.5578	0.5464	0.5528	0.5246	0.5180	0.5272
河南	0.5157	0.5101	0.4938	0.5048	0.4977	0.4693	0.4620
湖北	0.4771	0.4805	0.4710	0.4812	0.4784	0.4715	0.4794
湖南	0.4971	0.4994	0.4889	0.5121	0.5150	0.4980	0.5101
广东	0.5004	0.4939	0.4709	0.4726	0.4560	0.4432	0.4608
广西	0.4653	0.4775	0.4694	0.4831	0.4784	0.4726	0.4802
海南	0.4639	0.4535	0.4454	0.4551	0.4841	0.4501	0.4280
重庆	0.3764	0.3714	0.3570	0.3742	0.3736	0.3636	0.3933
四川	0.4134	0.4142	0.3990	0.4170	0.4084	0.4057	0.4320
贵州	0.4017	0.4090	0.3639	0.4055	0.4009	0.3544	0.4008
云南	0.4097	0.4160	0.3880	0.4017	0.3990	0.4434	0.3971
西藏	0.4225	0.4208	0.3818	0.4157	0.4148	0.4361	0.5155
陕西	0.4784	0.4670	0.4227	0.4383	0.4273	0.4353	0.4660
甘肃	0.4102	0.4205	0.4078	0.4212	0.3954	0.4194	0.4537
青海	0.4508	0.4415	0.3965	0.3913	0.3995	0.3832	0.3975
宁夏	0.4686	0.4788	0.4478	0.4496	0.4292	0.4081	0.4541
新疆	0.5064	0.4926	0.4554	0.4367	0.4601	0.4366	0.4706

注：2012～2018年工农系统与城乡系统耦合度见附录3。

从计算结果可以看出，北京、天津、山东、浙江、河北等东部城市产业系统和地域系统的协调程度较高；中部城市中的河南和湖南、西部城市中的广西，其工农、城乡系统的协调程度较高；大部分西部地区以及东北地区的工农、城乡系统的协调程度较低。

从各省份工农、城乡系统的耦合协调度数值的变动上看，各省(区、市)的变动趋势呈现出多种变动类型，既有逐步趋向于协调的省份，如辽宁；也有协调度越来越低的省份，如天津；同时还有协调度突然增大的省份，如西藏。大部分省份的变动时升时降，且变动幅度不大。

另外，从2012～2018年31个省(区、市)工农系统和城乡系统的平均协调程度看，工农城乡耦合协调度总体偏低，且呈现出“降—升—降—升”的趋势。结合工农互促有效度和城乡发展协调度的均值变动趋势可以看出，其主要原因在于：一是产业系统的工农互促有效度过低，导致工农城乡耦合协调度总体偏低，这表明工农城乡的协调发展，尤其是工农互促发展还存在较大问题，新型工农城乡关系的构建仍需进一步完善；二是产业系统的工农互促有效度呈现出逐年上升的趋势，而地域系统的城乡发展协调度呈现出逐年下降的趋势，且城乡发展协调度的降低是导致工农城乡耦合协调度呈现出下降趋势的主要原因。这说明，在工农城乡耦合协调发展的过程中，协调度较差的工农系统值得获得更大的关注，但发展仍不协调的城乡系统同样需要重视，不可顾此失彼。整体而言，工农城乡协调发展的政策体系在政策提出当年或其后一年具备一定的有效性，如新型工农城乡关系提出的2012年，“工农互促、城乡融合”理念提出的2017年之后的2018年，但是政策的时效性尚且偏弱。因此，工农城乡耦合协调发展的长效机制亟待构建(图3-1)。

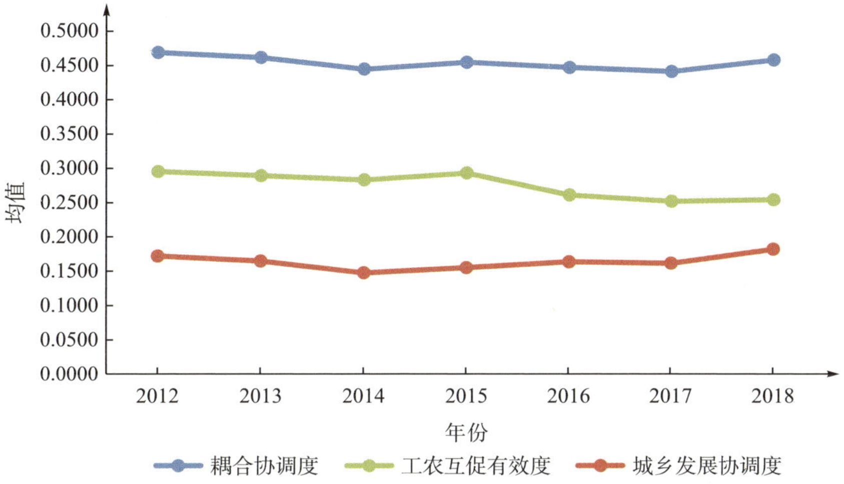

图3-1　2012～2018年我国31个省(区、市)产业与地域系统耦合协调度均值

3.3.3　新型工农城乡关系分省域判别结果

将表3-5的计算结果与表3-4的耦合协调度等级划分标准进行匹配，得2012～2018年31个省(区、市)的新型工农城乡关系(表3-6)。可以看出，除湖南、西藏2018年的工农城乡关系较之2012年变好了以外，大部分省(区、市)2018年的状态与2012年相同或变差了，其中状态相同的有19个省(区、市)，变差的有10个省(区、市)——北京、天津、河北、上海、江西、河南、广东、云南、青海、新疆。即使变好，也仅是一个等级的改变，并没有大范围的变动，说明从全国范围看，2012～2018年这7年间工农城乡关系的协调程度并未取得明显改善，大部分省(区、市)维持在原有水平，甚至还有32%左右的省(区、市)情况变差了，并且变差的省(区、市)集中在东部和西部。其原因在于，东部的省(区、市)其工业和城市发展速度极大地快于农业和乡村发展，这导致东部省(区、市)如北京等地的工农城乡耦合协调水平趋于降低；西部的省(区、市)工、农、城、乡的发展均偏差，还难以形成以工促农、以城带乡的发展格局。因此，东部省(区、市)需加快从以工促农转向工农互促、从以城带乡转向城乡融合；西部省(区、市)需加快以工促农、以城带乡的发展步伐；中部和东北需紧跟国家发展战略，稳步提升工农城乡耦合协调发展水平。

将表3-6中2012～2018年我国31个省(区、市)的工农城乡关系判别结果按其等级进行百分比统计，得图3-2。由图3-2可以看出，2012～2018年，我国各省(区、市)的工农城乡关系总体情况不容乐观，但是2014～2018年，轻度失调的比例存在较大比例的降低。表3-6及图3-2的结果与新型工农城乡关系识别综合评价得分(表3-3)的结果较为一致：一是说明综合评价得分结果的有效性；二是说明当前尚未从根本上破除城乡二元结构，同时，与新型工农城乡关系的构建目标还有较大差距，尤其是工农关系亟待改善(附表 1、附表 2)。

表 3-6　2012～2018 年新型工农城乡关系判别

省(区、市)	2012 年	2013 年	2014 年	2015 年	2016 年	2017 年	2018 年
北京	6	6	5	5	5	5	5
天津	6	6	6	6	6	6	5
河北	6	6	6	6	5	5	5
山西	5	5	5	5	5	5	5
内蒙古	4	4	4	4	4	4	4
辽宁	5	5	5	5	5	5	5
吉林	5	5	5	5	4	4	5
黑龙江	5	5	5	5	5	5	5
上海	5	5	4	4	4	4	4
江苏	5	5	5	5	5	5	5
浙江	6	6	6	6	6	5	6
安徽	5	5	5	5	5	5	5
福建	5	5	5	5	5	5	5
江西	6	5	5	5	5	5	5
山东	6	6	6	6	6	6	6
河南	6	6	5	6	5	5	5
湖北	5	5	5	5	5	5	5
湖南	5	5	5	6	6	5	6
广东	6	5	5	5	5	5	5
广西	5	5	5	5	5	5	5
海南	5	5	5	5	5	5	5
重庆	4	4	4	4	4	4	4
四川	5	5	4	5	5	5	5
贵州	5	5	4	5	5	4	5
云南	5	5	4	5	4	5	4
西藏	5	5	4	5	5	5	6
陕西	5	5	5	5	5	5	5
甘肃	5	5	5	5	4	5	5
青海	5	5	4	4	4	4	4
宁夏	5	5	5	5	5	5	5
新疆	6	5	5	5	5	5	5

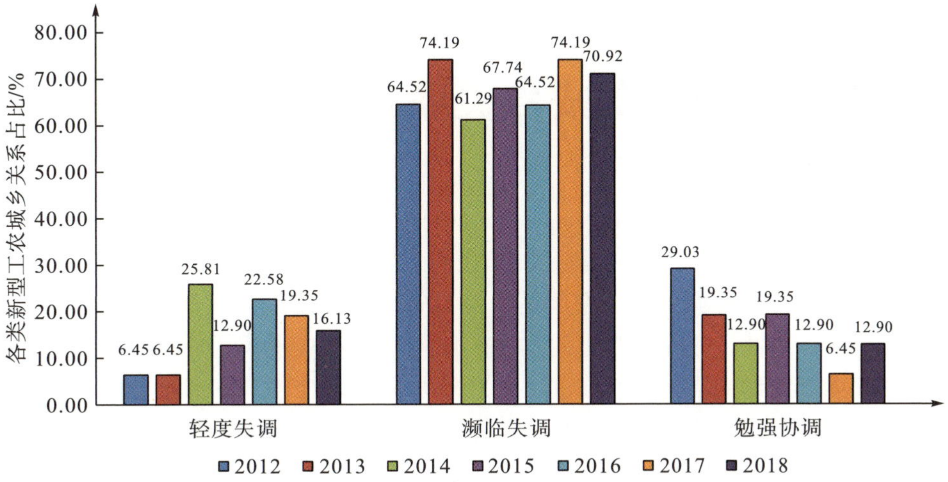

图 3-2　2012～2018 年我国 31 个省(区、市)的工农城乡关系分等级占比柱状图

第四章　新型工农城乡关系统筹构建的架构设计

构建新型工农城乡关系，既要求工农产业的融合发展，又依赖城乡空间的协同共进，需要通过工农产业空间和城乡地域空间的内部均衡与外部协调来实现。本章基于产业空间和地域空间的特征属性，剖析二者协调发展的作用机制和实现模式，通过找准工农关系和城乡关系有机耦合的切入点，探索推进工农联动与城乡融合的双二元耦合总体思路，即以农业体系的现代化升级、发挥制造业对一三产业的支撑作用、增强现代服务业对一二产业的服务功能、促进先进制造业与现代服务业的协同融合发展，构建工农互促、多维协同的现代产业体系带动城乡地域融合；以乡村振兴与新型城镇化助推工农产业互促，制定城乡一体发展的规划、构建沟通三次产业并链接城乡两个单元的城乡产业链，促进产业发展与地域载体有机耦合，实现工农、城乡的全面融合和共同繁荣。

4.1　新型工农城乡关系统筹协调的理论逻辑

经济活动同时具有产业和地域两个空间归属，不同的产业部门往往由于对优势区位的追逐分布在不同的地域空间，而地域空间也因为承载不同的产业活动而呈现出不同特征。高附加值产业环集聚在经济发达的地域空间，低附加值的产业环则往往分布在落后地域空间，这种非平衡发展形成了产业空间和地域空间的失调态势。工农城乡的二元结构根源在于市场机制下资源要素的趋利流动导致的地域空间和产业空间的失调，因此推进产业空间和地域空间协调发展是构建新型工农城乡关系的关键。

4.1.1　产业空间与地域空间的属性及其特点

1. 产业空间的属性与特点

产业空间是以产业环为基本组成单元，由在技术关联作用下形成的不同产业链构成的系统空间，具有以下属性和特点。

(1)产业空间具有显著的异质性和差距。产业空间的异质性和差距体现为价值实现和要素布局的异质性和差距。不同产业创造的价值不同，由传统简单劳动为基础的传统产业所创造的价值远远低于由复杂劳动为基础的高新技术产业所产生的价值。在产业空间中，产业链往往伴随着同该类产业生产、流通和消费相适应的价值链，产业链间差异形成了产业空间链际价值的差距；同时在同一产业链内部，由于不同产业环的价值增值量有所差别，生产研发环节和销售服务环节所实现的价值高于在生产和组装环节所实现的价值，产业环的差异形成了产业空间环际价值差距；在要素布局上，产业空间内部，不同的产业链和产业环在要素投入类型、结构上有较大差异，边际技术转化率和资本的有机构成差异导致要素在整个产业空间布局的异质。

(2)产业空间呈现出高度的动态开放性。技术进步是产业结构跃迁和产业类型更新的核心动力。从农耕文明到工业文明，产业结构实现了从农业主导到以工业和服务业主导的转变。产业空间在技术进步的作用下，一方面加速了传统产业的升级与消亡，传统的手工业被机器生产替代；另一方面，大量新兴产业随着技术进步不断涌现，不断拓展了产业空间的新领域。同时，在技术进步的作用下，产业空间实现了内部组成要素的动态更新和结构优化。

2. 地域空间的属性与特点

地域空间是经济活动的载体，是资源禀赋、社会经济环境、产业经济活动等构成的实际空间，是人类社会发育的土壤和基本生存环境。地域空间兼具自然和经济属性，既体现地域范围内的国土空间特征，又包含地域范围内的社会经济特征，其具有以下属性和特点。

(1)地域空间的异质性。地域空间存在自然资源禀赋和区位条件的差异。一方面，自然地理条件呈现出地带性分异，地形、海拔等自然基础决定了该地域的自然资源类型和富集程度。例如，在我国胡焕庸线以东地区，地形平坦、水资源丰富；而胡焕庸线以西，地形地貌则以山地高原为主，可利用耕地面积稀少。这种由自然地理条件造成的地域空间分异是难以改变的，它是形成地域空间异质性的基础作用。另一方面，一定范围的地域空间上承载了劳动力、交通基础设施和地域性政策等社会经济要素，以此为基础的人类社会经济活动会深刻地影响地域空间。例如，深圳在改革开放前只是一个贫穷的小渔村，而随着经济特区的开发建设，一举成为全球知名的科技创新城市。

(2)地域空间的连续性。土地(泛指地球表面)是接续蔓延的，因此依附于土地的地域空间是连续的，空间内和空间之间能够实现连通和交流。例如，城市和乡村分属于不同的地域空间，尽管二者在空间上存在巨大的差异，但绝不存在天然的城市和乡村的分界线，城市和乡村是相互连通接续蔓延的。地域空间的连续性是实现空间的相对拓展的前提，无论是城市空间还是乡村空间的扩展，都依附于其所在土地的开发和利用。

(3)地域空间的稀缺性。空间资源是有限的，尤其是可以被人类利用的空间更为稀缺。地域空间的稀缺性来自自然资源的有限性和要素投入的有限性两个方面。一方面，自然资源的有限性导致地域空间的资源环境承载力有限，能够容纳的人类活动强度受其限制。另一方面，要素投入是有限的，优质要素集聚的地域空间稀缺，例如我国经济特区和自贸区的地域空间范围明确，数量较少，仅存在于个别地域空间。

3. 产业空间在地域空间上的特性

完整性和可分割性是产业空间和地域空间都具备的特性。完整的产业空间可以依据产业部门间环环相扣的技术经济关联分解为不同的产业链，进而细分为不同的产业环；完整的地域空间也可以通过自然和经济的方式划分为平原山地、城市乡村。在宏观视域内，整个产业空间耦合于地域空间；但在中观区域层面上，地域空间和产业空间的异质性在“循优推移”的作用下越发明显，最终使产业空间中高附加价值的工业和服务业分布在优质地域空间并形成城市，低附加价值的农业分布在欠发达地域空间并形成乡村。

产业空间中的产业环基于区域条件散布或集中在不同的地域空间，呈现出明显的地域空间指向性。这种空间指向性主要表现为三个方面：第一，资源禀赋指向性，产业环的分布基于收益最大的原则，势必依赖其经济活动所需的资源要素分布，而资源要素的空间分散性将造成相应产业环的空间分散性；第二，区域劳动地域分工指向性，区域基于自身的比较优势，在分工体系中形成了专业的生产方向，而产业环在专业化分工效益异质性的驱使下，形成了产业环的空间分散性；第三，区域传统经济活动指向性，区域经济活动基于资源禀赋和政策制度，往往容易产生经济活动的路径依赖，而在长期的自然法则和市场规律的作用下，区域在产业链上的分工正是区域传统经济活动的体现（龚勤林，2004a）。

4.1.2　产业空间与地域空间的相互作用

产业空间是按照产业的生产体系和所属环节形成的虚拟空间，地域空间是依附于土地的人类经济活动的实体空间，虽然两者之间的差异明显，但是两者又互为支撑和补充。

1. 地域空间变化引致产业空间拓展与收缩

产业的发展需要依托于地域空间，产业空间中产业环分布于各种类型的地域空间，从而获得多种要素的投入，地域空间是产业空间的实际载体，是产业发展的有机土壤。一是体现为地域空间提供要素支撑。地域空间集聚了自然和社会经济等多种资源，是产业健康和持续发展的核心保障。首先，地域空间为产业环布局提供土地，是产业环布局的基本要素投入。其次，地域空间集聚了相应规模的人口，是产业环发展的劳动力来源。最后，地域空间总是伴随着一定的资本流动，为产业环发展提供了资本要素。二是地域空间提供消费市场。地域空间集聚了一定数量的人口，他们既是产业工人也是产品消费者，地域空间集聚的人口越多，其形成的消费市场越大，更有利于产品价值的实现。

由于地域空间是产业空间的载体，因此地域空间的优化和动态变化将导致产业空间的拓展或收缩。首先，地域空间作为要素的集聚地，由于区域条件、政策以及资源禀赋的变化会促使要素的流入和流出，从而导致产业发展的要素环境发生相应的变化。其次，地域空间受到空间规划的政策作用，不同的地域空间承担的功能各异，产业空间的发展受到地域空间的制约。

2. 产业空间调整驱动地域空间功能分区优化

地域空间总是按照一定的社会经济特征进行划分的，而作为社会经济重要内容的产业空间直接影响地域空间的形态、规模和要素集聚水平。

产业空间的调整会改变地域空间的规模和形态。产业的细化以及新兴产业的涌现，要求开辟同其发展相适应的地域空间。例如，地域空间中城市规模的扩展往往伴随着产业园区和经济技术开发区等区域的设立，新兴产业的涌现不断拓展地域空间范围。同样，乡村地域空间由于传统农业逐渐被现代化农业替代，加速了乡村地域空间土地的集中利用，规模化的生产方式直接影响了乡村地域空间的形态，乡村地域逐渐形成相应的功能分区。

产业空间的调整影响地域空间要素集聚水平。不同产业对于地域空间的需求不同，资源型产业要求靠近原料产地，服务行业要求接近消费市场，地域空间的要素集聚水平会影响其承载的产业。但另一方面，产业的发展也会改变地域空间的要素集聚，促进地域空间中要素的更新调整。一类新产业的布局会吸引劳动力、资本和技术向该地域的流动，反之会随着产业的迁移造成要素的迁移。例如，我国在三线建设时期，大量产业向中西部布局，从而吸引了大量东部科技人员向西迁移，缓解了中西部人力资本匮乏的局面，改变了该地域空间劳动力要素的集聚水平。但随着国内局势的改变，以及部分企业效益低下等原因，大量产业向附近大城市转移，导致地域空间要素的再次变化。

产业空间的调整驱动地域空间功能定位改变。尽管地域空间的功能定位决定了产业的布局，但产业的发展也将导致地域空间功能定位的改变。不同性质的产业需要匹配相应性质的土地作为载体。一方面，土地的性质决定产业发展的空间范围；但另一方面，产业发展现状也将倒逼土地性质的调整，从而驱动地域空间功能定位的变化。

4.1.3　产业空间和地域空间协调的模式与机制

地域空间具有的资源要素异质性导致了地域空间的非匀质发展，而产业发展总是追逐着优质的地域空间，在优胜劣汰和循环累积效应作用下，劳动力、资金、技术等生产要素受价值差异的影响，由落后地域向发达地域流动。从而促使发达地域空间资源和要素条件更加优越，更多具有高附加值的产业向该地域空间布局，这种集聚效应加剧了地域空间的分异。尽管发达地域会对落后地域产生扩散效应，但这种效应发挥作用需要的时间长且作用力度较集聚效应小(图 4-1)。

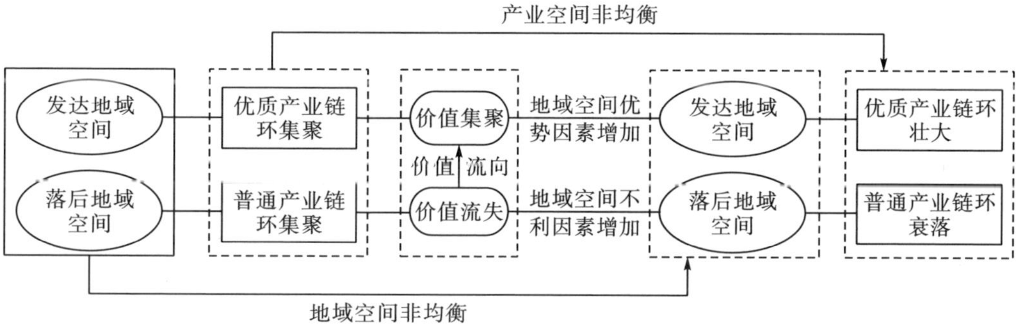

图 4-1　产业空间与地域空间失调作用机制

总之，由于地域空间的先天资源和要素的异质性导致了产业空间内高附加值的产业环集中布局在发达地域空间，而低附加值的产业环布局在落后的地域空间，产业空间的非均衡又进一步强化了地域空间的非均衡，并且随着集聚效应而逐渐增强。对于价值的追求是驱动产业空间扩展和追逐更加优质地域空间的决定力量，因此产业空间和地域空间失调是由价值的非均衡性所决定的，实现产业空间和地域空间协调发展的关键是实现产业间、地域间所产生价值的协调。

4.2　新型工农城乡关系统筹协调的作用机理

生产要素流动和产业布局总是遵循着追逐优势区位和高利益的原则，在“循优推移”和“循环累积”的过程中，地域空间差异导致了城乡分割，产业空间异质产生了工农分离。

实现工农城乡之间统筹协调的关键是改变落后区域的区位条件，缩小产业利益差距，推动城乡地域和工农产业两个空间的融合，减少地域和产业空间的异质性和非均衡性，实现要素的合理配置。

4.2.1　改善落后地域单元，促进城乡空间融合

相对于落后地域空间，发达地域空间能为产业发展带来更多便利，有利于其实现更大的价值。因此实现产业空间和地域空间协调首先需要改善落后地域空间的条件，缓解因先天差异造成的地域差距。地域空间有土地、河流和矿产等自然资源以及受交通、信息和政策等社会经济因素影响，原生的自然条件难以改变，但交通和信息等社会经济条件可以通过加大空间干预实现改善地域空间的目的。

(1) 通过改善乡村落后空间的社会经济条件，增强乡村对要素的吸纳力，营造适合产业发展的环境，吸引优质产业在此布局。首先，围绕制约落后地区发展的硬件短板，加大倾斜支持力度，着力改善其交通、能源、通信等重要基础设施。通过硬件条件的改善，降低企业生产的运输、通信等成本。其次，针对乡村落后地区施行政策倾斜，对适宜乡村地区发展的产业通过政府便利、税收优惠，以政策红利弥补区位上的劣势，确保先进经济要素“引得来、留得下”。最后，布局优质企业改善地域空间条件，发挥优质企业的“头羊效应”，吸引关联企业在乡村布局，打破地域单元的恶性循环累积。

(2) 通过城乡一体化规划，改变过去以城市为中心的城乡分割的规划观念，把城乡居民点、生产力布局、基础设施网络作为区域整体来进行统一规划（万艳华，2002），利用城乡物质环境建设规划对城乡经济社会的协调作用与调配能力，来引导城乡经济社会的健康、持续、有序发展，实现以城乡空间的融合解决工农城乡协调发展问题。首先，明确城乡一体化规划的主要目标是实现城乡功能结构互补、生态环境的协调、基础设施的共享、人口流动的通畅、生活水平的提高、政治文化平等。其次，明确范围和内容，将中心城市建成区、郊区以及市行政管辖的广大乡村地区与小城镇纳入规划，对城乡人口、土地、空间、水源、能源、信息、景观与基础设施等城乡资源实现合理配置与控制保护。

(3) 推动城乡接合部和县域经济发展，构建城乡地域单元融合的空间纽带。城乡分裂突出表现在城市和乡村在空间上的绝对对立，城乡之间的过渡带和融合带未能充分发挥其纽带作用。城乡接合部和县域经济作为城乡之间和中心城市与乡村腹地的连接地带，具有城市和乡村地域单元的共同属性。分别来自城市与乡村的人口、物质、技术、信息等在这里相互作用与竞争互生，使得该区域存在着频繁的能量与物质对流，其发展程度是城乡融合的高显示标志。

4.2.2　缩小绝对价值差异，实现工农产业融合

劳动复杂程度和对资源投入要求的差异导致产业环或产业链之间形成的价值差异明显，加之产业环或产业链间存在地域封锁和垄断等因素，进一步加剧了环际或链际价值差异。价值差异是产业部门及部门间竞争并实现自身发展的关键因素，有利于产业的优胜劣汰；但过大的差距阻碍了低端产业的技术进步和产业升级，不利于整体产业空间的优化。农业和其他产业的价值差异不仅导致工农产业在空间布局上的分离，而且引发工农产业在

价值链上地位的分异。农业因为具有明显的资源型和典型的中间投入品特征，其产品处于价值链低端；工业和服务业则因为高技术和最终产品特征，其产品位于价值链的中高端。改变工农产业分离状态的关键是实现工农产业空间的融合，缩小产业链际或环际的价值差异，具体体现在3个方面。

(1)通过进一步细分产业链，提升产业环的密度，增加产业环进而缩小环际价值差异。特定的产业链在某一时期内其所能产生的价值是相对固定的，通过细分产业链能够实现产业价值在各个产业环之间的分配。产业环的增加意味着市场更加细分，促使该产业内部的企业间竞争加剧，从而打破大企业对产业价值的垄断，实现产业环际价值的重新分配。

(2)加强产业融合发展，利用新技术、新模式促进低端产业提档升级，提升产业价值，缩小产业链际价值差异。在不同的产业链条之间，由于劳动复杂程度和最终产品的价值以及组织经营模式等差异，产业链所能实现的价值不同。缩小产业链际之间的差异，需要发挥产业的融合作用实现价值的再分配。

(3)打破地域封锁、垄断和价格剪刀差，实现价值的顺利回溯，实现价值增值在全产业链上的共享。市场主体对于自身利益的追逐产生了区域市场割据和产业之间的压制，区域和产业之间的这种竞争阻碍了价值在产业链上的自由流动。破除对价值的超额占有，需要发挥政府的宏观调控作用，构建价值自由流动的体制机制。对于工农、城乡之间的价值回溯，需要破除工农价格的剪刀差，构建城乡一体化市场体系，以公平的市场竞争环境，促使产业间形成相对差距较小的利润率。

4.3 新型工农城乡关系统筹协调的路径选择

当前，我国工农互促有效度的综合评价得分显著低于我国城乡发展协调度的综合评价得分，进而导致新型工农城乡关系的综合评分较低以及工农城乡系统的耦合协调程度偏弱，主要原因为产业空间和地域空间的失调。这导致了农业落后于工业、农村与城市的联系强度偏低、农民的技能水平难以适应发展要求等问题，进而导致产业链的延伸受限、产业空间布局的优化受阻。地域、产业空间相互关联、相互作用，任何一方的低效发展必将导致另一方的发展受阻，着力发挥产业空间的载体功能，引导地域空间的高效发展势在必行。

4.3.1 以工农产业空间互促推进城乡地域空间融合

产业融合是指不同产业或同一产业内的不同行业相互渗透、相互交叉，最终融为一体，逐步形成新产业的动态发展过程(厉无畏和王慧敏，2002)。产业融合不仅能突破产业边界、促进不同产业间交叉与渗透的过程，也能强化城乡关联、重构区域空间结构。工农联动发展是实现三次产业的融合发展，通过培育农业农村新产业新业态，打造农村产业融合发展新载体新模式，推动要素跨界配置和产业有机融合，让农村三次产业在融合发展中同步升级、同步增值、同步受益，最终实现城乡共融的发展态势。工农产业融合发展是实现地域空间协同发展的核心力量，在这种力量作用下，城乡边界变得模糊，工农产业通过形成分工合作、优势互补产业发展格局，促成城乡地域单元的相互协作与有机融合。从2015年中央首次正式提出“推进农村三次产业融合”理念以来，产业融合逐渐成为解决“三农”问题的重要战略举措，我国农村产业逐渐同城市的二三产业由融入走向融合。产业融合不断突破产业边界，并加速了城乡地域单元融合，是工农城乡全面耦合协调的重要切入点和抓手(颜培霞，2018)。

首先，产业融合强化城乡之间的要素关联。三次产业间的互相渗透和融合，打破了城市发展二三产业，农村发展第一产业的分工格局，实现了资源在城乡全域和全产业的合理配置，生产要素的流动性大幅度增强。其次，产业融合促成了新的产业的发展，拓展了产业空间，而这些新的产业需要相应的地域单位作为载体，这有利于形成新的区域产业布局，优化经济功能格局。最后，产业融合导致产业的生产方式和模式发生改变，而由此带来的是生产环境和基础配套发生变化，从而影响其所在地域空间的景观风貌。

1. 推动农业向现代化转型驱动乡村振兴

农业现代化是乡村振兴中产业兴旺的重要推动力，是产业兴旺的重要基础。农业现代化是指由传统农业转变为现代农业，在现代科学的基础上，通过新的技术和管理手段，一方面形成一个高产、优质、低耗的农业生产体系，另一方面创造一个合理利用资源、保护环境、具有较高转化效率的农业生态系统(何盛明，1990)。农业现代化包含了农业生产现代化、农业经营现代化，是将产品生产加工和产品流通销售有机联系的系统，能有效实现城乡、工农利益协调，改变乡村积贫积弱的面貌，推动乡村振兴。

首先，农业产业现代化重塑乡村区域价值链。受到工农产品价格剪刀差的影响，仅提供初级产品的乡村始终处于区域价值的“洼地”。而农业产业现代化将产品的加工和流通的产业链链接到乡村地域单元，通过大力发展现代农业，实现乡村在区域价值链上的崛起。其次，农业经营现代化提升乡村生产效率。农业经营现代化通过农村土地的流转发展适度规模经营，培育新型农业经营主体和新型职业农民，促进农业产业在土地、资本和劳动力要素上的质量升级，减少低端要素投入，提高农产品产出的数量和质量，从而实现乡村生产效率的提升。最后，农业生产现代化改善乡村风貌。传统而分散的耕作生产方式导致乡村在物质环境和社会文化方面没有实现和城市的协同发展，农业生产的现代化将不断完善乡村农业生产基础设施，利用设施为传统乡村注入现代基因，逐步改变部分乡村衰败的景象。乡村三次产业的融合，乡村旅游、乡村农产品加工业兴起，田园和山林不再仅仅作为劳作和耕种的场所，同样也成为乡村生态旅游的重要景观资源，小作坊的食品加工方式也逐渐被园区规模标准化生产所替代。随着产业融合带来的乡村产业的发展，乡村的道路、房屋和公共基础设施也将逐渐得到优化，乡村景观风貌也将实现品质化更新。

2. 工业反哺农业引致城市要素向乡村流动

工业化是推进城市化的重要力量，在产业空间的非均衡作用下，生产要素从农业产业部门向非农产业部门集聚，在地域空间上表现为非农产业和人口在城镇集中的过程，从而出现了落后的农业、衰落的乡村与发达的工业服务业、繁荣的城市的二元结构。因此，促进城乡融合的发展，核心是平衡工农产业之间的生产效率。就驱动城乡分离的工业化而言，需要发挥工业产业空间的溢出效应，实现以工补农，通过发挥现代工业的融合协同作用，以工业发展提升农业发展水平。

随着工业化水平的提高，农业生产的工具得到了极大改进，机械化和自动化的生产设备越来越多地应用到农业生产领域。同时，现代工业促进了农产品精深加工。现代工业为农产品精深加工提供了技术和物质保障，对于促进农产品精深加工与高质量发展，推动农产品加工技术装备提升，都具有十分重要的意义。工业通过现代科技、管理等因素提升了农业的装备水平与管理水平，进而促进了农业生产效率的提升。而农业效率的提升，将缩小农业和其他产业的相对差距，吸引城市以及准备流入城市的各类要素向乡村流动，促进城乡空间的融合发展。

3. 以现代服务业融合工农链接城乡

服务业是产业分工细化的重要标志，服务对象包含农业工业的生产及居民的生活。基于对更高收益的追求，无论是金融还是物流及技术咨询都倾向于向工业和居民生活提供产品，以农业部门作为服务对象占比较低。在地域空间上表现为服务业在城市，农业在乡村的空间相对孤立隔绝状态。一三产业之间缺乏互动链接，没有建立起价值链下的产业转型升级的传递机制，乡村和城市的发展差距、农业和服务业的价值差异不断增大。而现代服务业是运用现代技术、现代经营方式和现代管理手段服务于生产、流通和消费环节的知识密集型产业，其服务作用能有效推进产业链条的紧密衔接，是经济活动中的“黏合剂”。新业态、新模式和新技术快速涌现，促使其具有极强的产业部门间整合能力，具有重塑产业空间、缩小城乡地域差距的重要作用。

在生产方面，面向农业的现代服务业主要包含农业科技信息服务、农业金融服务、农民技能培训服务、农业物流服务以及检验检测等专业服务内容。具体而言，需要健全农业产品的流通服务体系，以现代物流和管理经营方式打造农产品供应链，利用专业化分工，提高农产品流通效益。培育农业生产流通过程中的专业化服务组织，为农业提供租赁、金融、培训和检验检测等专业化服务。完善农业科技成果转化体制机制，强化知识产权保护，加大对农业科技成果转化的激励，提高科研人员在成果转化中收益的占比；提高金融资本对农业科技的支撑作用，推进农业供应链金融有序、健康发展，实现农业技术和资本的有效对接。

在生活方面，需要完善城乡市场体系，推进城市服务功能向乡村地域的扩散和延伸，鼓励商贸餐饮、居民服务和卫生保健等服务业在乡村的升级提质，布局农村电商、农资超市等综合服务网点。

4.3.2 重塑城乡空间新格局助推工农产业互动

城乡在地域空间上的分离，不仅是地理距离和空间风貌的差异，更是城市和乡村在生产和生活以及生态上功能性的差异。城市一般是区域经济的中心，是一个极化空间，能够提供更加齐全的功能服务和充足的要素支持；而乡村作为经济腹地，是一个均质空间，无论是要素吸附力还是功能服务能力都明显落后。

地理自然环境和产业发展定位的差异使得城市和乡村在人居环境上存在巨大的差异，城市的房屋建筑集中，道路密集通达，乡村聚居地点则依山循水分散错落，道路稀疏走向单一。城市和乡村不是繁华和萧条、发达和落后的代名词，目前我国一些乡村坍塌的宅基地和荒芜的土地及乡村相对落后的精神文明也不是乡村天然的风貌。弥合这些衰落的乡村和发达的城市之间的鸿沟，需要从城市和乡村两端共同发力，一方面要改变乡村地域单元在产业、风貌、生态和文化等方面的颓势，以乡村振兴补齐城乡发展中的乡村短板；另一方面，要发挥城市的扩散作用，通过新型城镇化提升城市发展质量，进而实现与乡村地区的协同发展。城乡格局的重塑，实现了城乡地域单元从分离到融合的转变，为工农产业的互动发展创造了有利的载体和市场环境。

1. 以乡村振兴引导工农产业融合

城乡融合发展的本质是为了解决人民日益增长的美好生活需要和不平衡不充分的发展之间的矛盾，是中央在全面建成小康社会决胜阶段解决乡村发展问题的新方略，展示了中央坚持农村优先发展的决心和魄力。实施乡村振兴战略，既是新时代背景下构建新型工农城乡关系的客观要求，也是打破城乡不平衡不充分发展的客观要求。为适应城乡融合发展的新要求，乡村不仅要成为与城市并行的发展主体，还要站在乡村发展的角度去设计政策，更加注重乡村主动性和能动性的发挥，充分激发乡村活力。在保持乡村独立性和差异化的前提下，促进城乡融合发展，以差异化的发展路径凸显乡村的比较优势，由此推动新型工农城乡关系的构建。

乡村振兴利用“五个振兴”改变乡村积贫积弱的面貌，突破落后地域空间的束缚，与城市并行发展，实现地域空间的转化，提升了区域的生产效率，进而吸引产业发展要素向乡村的流动。同时，乡村振兴将乡村特有的资源转化为产业发展优质资产，从而使乡村不再是传统农业的集聚地，而是现代农业、新型工业和服务业的融合发展区域。

2. 以新型城镇化推动工农产业互动

实行以城带乡是工业化、城市化发展到一定阶段，缩小城乡差距、建立和谐社会的必然要求。城市已经成为我国经济和社会发展的主体，单纯依靠乡村自身的力量是无法克服日益增大的城乡差距的。在乡村发展相对落后于城市发展的背景下，改变乡村在国民收入分配中的相对劣势地位，实现城乡经济、社会、文化、教育、卫生等各方面的融合发展，必须走以城带乡的发展道路。加强城市对乡村的带动作用是促进我国经济持续健康发展的必经之路，是维护社会稳定，建立公平、公正、公开社会的必然选择。只有通过城市带动乡村发展，才能让农民平等地参与到现代化的进程中来，才能促进乡村繁荣发展，才能让所有人共同分享现代化发展的成果，才能实现真正意义上的城乡融合、城乡共荣。

新型城镇化作为城市带动乡村发展的重要抓手，是从城市端出发，发挥城市的协同带动作用实现乡村的发展，与乡村振兴相得益彰。新型城镇化要求将城市和乡镇作为统一的地域单元进行规划发展，更加突出较低层级单元的特色发展，形成对城市发展的良好支撑。新型城镇化不仅搭建了工农和服务业向乡村延伸的通道，更拓展了三次产业融合发展的空间。新型城镇化注重作为城市和乡村连接的县级城市发展，通过培育打造各类特色县城及特色小镇，为产业互动发展提供了空间载体。

4.3.3　完善统筹产业空间与地域空间的耦合体系

经济活动同时具有产业与地域两个浑然天成的空间归属，经济发展就是产业和地域的有机耦合和协调互动，构建新型工农城乡关系不能仅仅“单打一”地调整产业结构或者优化地域空间，还需要将二者统筹推进。

(1)通过发挥经济调节机制的作用，实现工农城乡市场统一，利益协调。制度的扭曲和市场的分割可能导致工农城乡间形成不了统一的市场体系，城市和二三产业可能过多地从乡村和第一产业中攫取利益，从而加剧了城乡地域和工农产业空间的非平衡发展。市场包含产品市场和要素市场，是生产、流通和价值实现的重要场所和关系总和。统一的市场能够充分实现对资源的有效配置，通过市场的优胜劣汰作用促进产业升级，提升生产效率。同时，通过完善城乡之间的利益协调机制，缩小由市场失灵带来的利益垄断和分配不公。

(2)更好发挥政府调控职能，形成完善统筹工农城乡关系的顶层设计和行政体系。经济活动遵循着追逐优势区位和高价值的原则，促使工农城乡关系呈现二元的发展态势，这是工农城乡关系必经的阶段。政府可以通过宏观调控，加速其向一元演进。在顶层设计方面，利用发展规划和空间规划，形成统一完整的工农城乡规划体系，按照全域思维统筹推进工农城乡关系的构建。在行政管理体系上，明确政府职能，优化组织机构，提高政府的行政管理效能。

(3)以城乡产业链和新型农业生产组织为统筹，构建新型工农城乡关系的重要载体。首先，城市和乡村分别作为某一特定经济区域的经济中心和经济腹地，同时又是具有不同属性的地域单元，客观上存在着明显的地理位置、资源禀赋、产业结构、人口分布、基础设施、公共服务等方面的差别，这既是客观的城乡地域空间的差异，又是潜在的城乡比较优势。产业空间中，产业环的空间布局指向偏好，使得城市与乡村具备发展不同产业环的比较优势，这便构成了产业环在城乡地域空间布局的基础条件。因此，通过发挥城乡地域空间的比较优势，构建延展城乡、链接三次产业的城乡产业链是推动工农产业空间与城乡地域空间协调发展的重要举措。一方面，可以较好地整合城乡经济资源，打破城乡地域空间两套封闭体系各自运行局面；另一方面，可以整合三次产业经济活动，实现产业空间的内部优化(龚勤林，2013)。其次，统筹构建新型工农城乡关系需要发挥新型工农生产组织的微观基础作用。生产组织(企业)是经济活动的微观主体，在工农城乡关系的统筹构建中，需要发挥生产组织(企业)链接城乡和工农主体作用，实现产业和地域在生产组织(企业)内部的融合。

第五章　构建工农互促、多维协同的现代产业体系

协调互动的现代产业活动是区域经济系统运行的核心内容，区域空间系统是现代产业活动开展的空间载体，二者相互支撑、相对促进。缺少了工农业现代经济活动有序运行的区域空间优化纯属无本之源，脱离了城乡区域系统空间合理承载的现代产业体系同样是“空中楼阁”。构建工农互促、多维协同的现代产业体系有助于工农业要素双向互补流动，缓解城乡分割、土地分治和人地分离状况。

本章首先界定现代产业体系的理论范畴，即三次产业协调发展、三次产业均实现现代化、三次产业利益分配的协调；其次提出要以农业的现代化转型、工业对农业的技术支撑、现代服务业的融合功能协同推进城乡地域空间融合；再次从产业层、要素层、空间层三大维度分析传统产业体系向现代产业体系升级的动力机制，提出促进现代农业、现代工业和现代服务业互惠互利发展，着力形成现代产业体系的基本路径。

5.1　现代产业体系的内涵及构成

5.1.1　现代产业体系的内涵

随着社会的发展，产业体系的理论范畴也不断地革新变化。1935 年，费希尔(A.Fisher)提出了三次产业划分的方法。科林 · 克拉克(C.Clark)在 1940 年运用三次产业分类法研究了人均国民收入同产业结构变化之间的内在关联规律，提出了克拉克法则。西蒙 · 库兹涅茨等的实证研究进一步验证了克拉克法则，对产业体系变动的总体趋势做出了较好的诠释。当前，我国已经总体进入工业化后期。高新技术的发展，研究开发、科技咨询、知识服务等活动的繁荣，是产业体系变迁的一个重要趋势。

从产业体系而言，产业结构是产业体系的中心内容，迈向现代产业体系需要与内在因素(结构、技术、劳动力、生产制度等)联系起来，还要与外在因素(社会需求、环境压力、政治诉求等)结合起来。

现代产业体系是以高效益、高附加值、高自主创新能力、低能耗、低污染的有机产业群为核心，以高新技术开发区、工业园区、专业镇等特色产业基地为载体，以高效运转的技术、人才、资本、信息等产业要素系统为支撑，以环境优美、基础设施完备、社会保障有力、市场秩序良好的产业发展环境为依托，并具有创新性、开放性、融合性、集聚性和可持续性特征的新型产业体系。

本书认为，现代产业体系的理论范畴包括 3 个方面：一是从三次产业间的关系来看，表现为三次产业协调发展；二是从三次产业各自的竞争力来看，表现为三次产业均实现现代化；三是从三次产业的利益分配格局来看，表现为三次产业利益分配的协调。

5.1.2 现代产业体系的构成分析

1. 产业体系的理论构成和属性

从本质看，产业体系就是所有产业门类和产业要素相互关联衔接的系统，既是全社会所有产品投入产出相互关联的一体化体系，也是所有产品生产、流通与消费的全流程体系，是经济体系的核心。从构成维度看，产业体系包含产业层、要素层和空间层三个维度(图 5-1)。从动态演进看，产业体系可分为传统产业体系和现代产业体系。

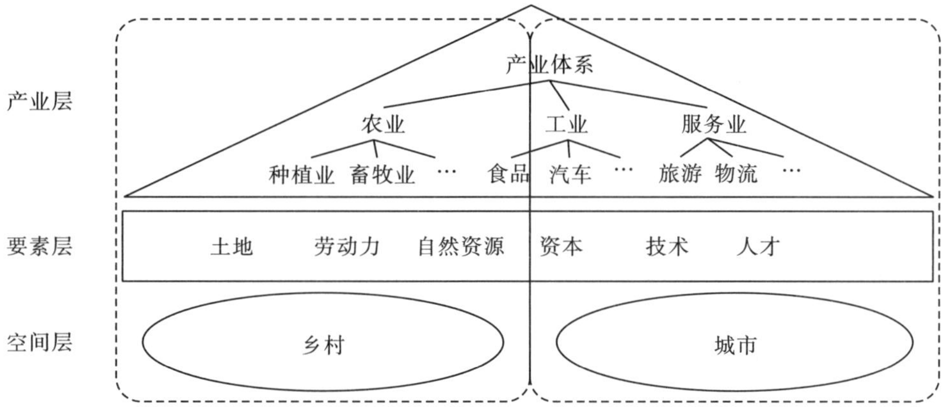

图 5-1 产业体系的构成

在产业层维度，产业体系的构成通过产业分类的界线及其相互之间的关联来表达。按照三次产业分类法，基于使用的生产要素、产品的形态和用途等，产业体系宏观上划分为第一次产业(农业)、第二次产业(工业)、第三次产业(服务业)，通过纵向类似、横向区分，可以发现产业体系的三次产业之间存在清晰的边界。根据动态演进的时间维度划分，现行发展成熟的产业为传统产业，适应新技术和未来新需求的产业为新兴产业。客观上，产业部门之间存在着密切的技术经济联系，在市场机制的自我强化作用下，产业体系的发展升级要求强化这种联系。例如，传统产业的升级改造，需要新兴产业的知识与技术溢出或扩散至传统产业，从而使产业体系得以转型升级和实现现代化。

在要素层维度，土地、劳动力、自然资源、资本、技术、人才等生产要素构成产业体系的基础，是支撑产业运行和影响产业体系发展演化的动因。要素数量、使用成本、层次类别和配置效率，影响产业发展速度并影响产业体系的层级。如果劳动力红利消失，能源和原材料要素成本增加，资本、技术和人才缺乏，依赖初级要素禀赋、要素流动不畅的资源配置模式效率低下，则产业体系将会跌入低速和低水平发展陷阱，传统产业难以升级，新兴产业难以培育。如能集中且优化配置土地、资本、劳动力、技术等要素，并不断推进要素升级和要素配置方式的创新，可产生具有竞争优势的产业和高层级的产业体系。

在空间层维度，产业具有天然的空间属性，产业效率受到空间要素和不同区域产业间关系的重要影响(蔡之兵，2018)。因此，如何提高产业空间布局水平及协调其空间关系，是顺利构建现代化经济体系的关键环节。不同的空间布局结构和空间距离对产业发展具有不同影响，不同类别的产业适宜在不同空间布局和集聚。例如，农业布局在地域广阔的乡村腹地，工业和服务业集中在寸土寸金的城市。同时，城乡间的关联产业在规模和质量匹配上存在差异，最终对整个产业体系的效率造成不良影响。

2. 现代产业体系的理论构成

在传统的产业体系中，产业之间边界清晰、分立明显，以工业为主导，农业被弱化和边缘化，并在一定程度上构成了政府产业经济政策制定与运行的基础(毛蕴诗和汪建成，2006)。传统的产业体系中，产业内部的弱联系，导致要素在产业体系内部流动迟滞，产业和要素的分割在空间层面分裂为城乡的对立。

科技进步和消费新变化是影响产业体系演进的重要因素，随着科技发展和消费结构升级，不同产业或同一产业内的不同门类相互渗透、相互交叉，形成新产业、新业态、新模式。作为产业现代化进程中产生的一种经济现象，产业融合在不断走向深入，产业体系内部之间、内部与外部之间形成了多种形式、多个维度及多个系统的融合类型(厉无畏，2006)。例如，农业产业化的发展加快了第一产业与二三产业的融合(图 5-2)。

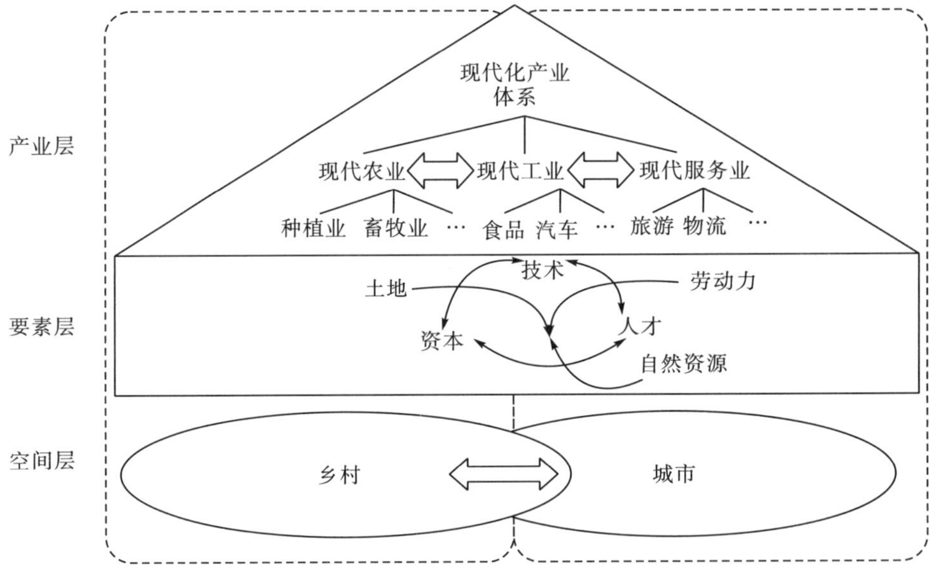

图 5-2 现代产业体系的构成

从系统论来看，内部各构成和各要素相互关联衔接是产业体系发展的必然要求；从发展的动态演进角度看，相互渗透、融合发展是产业体系发展的必然趋势；党的十九大报告更是强调“着力加快建设实体经济、科技创新、现代金融、人力资源协同发展的产业体系”。具体而言，现代产业体系的构成和特征同样体现为产业层、要素层和空间层三方面的现代化特征(图 5-2)。在产业层，现代产业体系表现为三次产业均实现现代化、三次产业协调发展及三次产业利益分配达到协调；在要素层，现代产业体系表现为产业的发展以技术、资本、人才等高端要素为主导力量，并且生产要素之间、生产要素对产业发展的匹配度均达到协同的水平；在空间层，产业层和要素层的高水平发展和融合，客观带动产业部门和生产要素在城乡间流动和协同整合，在空间层面促使城乡形态从分割对立走向协同互融。

5.1.3 从传统产业体系向现代产业体系升级的动力机制

从时间维度的动态演进轨迹来看，现代产业体系是一个动态的过程，不同时代背景下，现代产业体系的形态表现并不是一成不变的。只有传统产业不断升级，新兴产业不断培养成长，产业部门在持续创新中融合、在融合中孕育持续创新的内生动力，现代产业体系才会不断发展。

芮明杰(2018)提出产业体系发展面临“结构性陷阱”问题，即一个国家的产业体系处在传统产业主导但增长不断下滑，新兴产业虽然在成长但缺乏核心技术、缺乏人才、发展阻力巨大的状态。如果一个国家的产业体系跌入“结构性陷阱”，则宏观的经济增长进入中等收入陷阱两难境地。从系统的内在联系性角度看，产业体系“结构性陷阱”问题的关键在于，其是由传统产业与新兴产业的联系不畅造成的，即新兴产业未能有力拉动传统产业的转型升级，传统产业未能推动新兴产业的培育。传统产业转型升级与新兴产业培育发展的彼此脱节，在三次产业范畴表现为工农互促不畅，工业未能对农业的现代化进程提供带动和反哺，农业未能对先进制造业的孕育提供相匹配的基础条件。

产业链融合和价值链升级、要素禀赋升级和空间结构优化是从传统产业体系向现代产业体系升级的三个重要战略内容(刘明宇等，2009)。

在产业层维度，产业链融合和价值链升级是产业体系现代化的表现。在产业升级过程中，非农产业、农业沿着价值链梯度依次递进升级，依靠“拉动上游”和“推动下游”，最终，三次产业横向融合、纵向升级，乃至整个产业体系进入现代化。随着现代信息技术等新技术的发展和应用及工业式的产业化模式广泛渗透，现代产业体系开始突破传统三次产业的边界，不同行业、不同领域可实现跨界合作、融合与重组。

在要素层维度，要素禀赋升级是支撑产业体系现代化的新竞争优势基础。土地、资本、人力资源、科技等构成的要素体系与产业体系是相互匹配的关系，现代产业体系对要素禀赋有全新的要求，要素的不匹配势必造成现代产业体系发展的失败，伴随从传统产业体系到现代产业体系的升级，背后支撑的是从劳动力、土地等传统要素依赖转向科技、金融和人才等现代要素主导，并且实现“实体经济、科技创新、现代金融、人力资源协同发展”①。

在空间层维度，空间结构优化是产业体系现代化的必要条件。资源分散和市场分割是制约产业良性发展和转型升级的重要问题，其背后的深层次原因是区域城乡间存在行政壁垒、利益对立和产业结构不协调。在现代产业体系中，产业部门的跨界融合和要素的彼此整合，势必带动空间层面的区域城乡融合；同时，区域城乡的一体化发展、要素的自由流动和市场的统一开放，也是构建现代产业体系必要的资源支持和市场基础(图 5-3)。

①决胜全面建成小康社会 夺取新时代中国特色社会主义伟大胜利. 习近平在中国共产党第十九次全国代表大会上的报告.

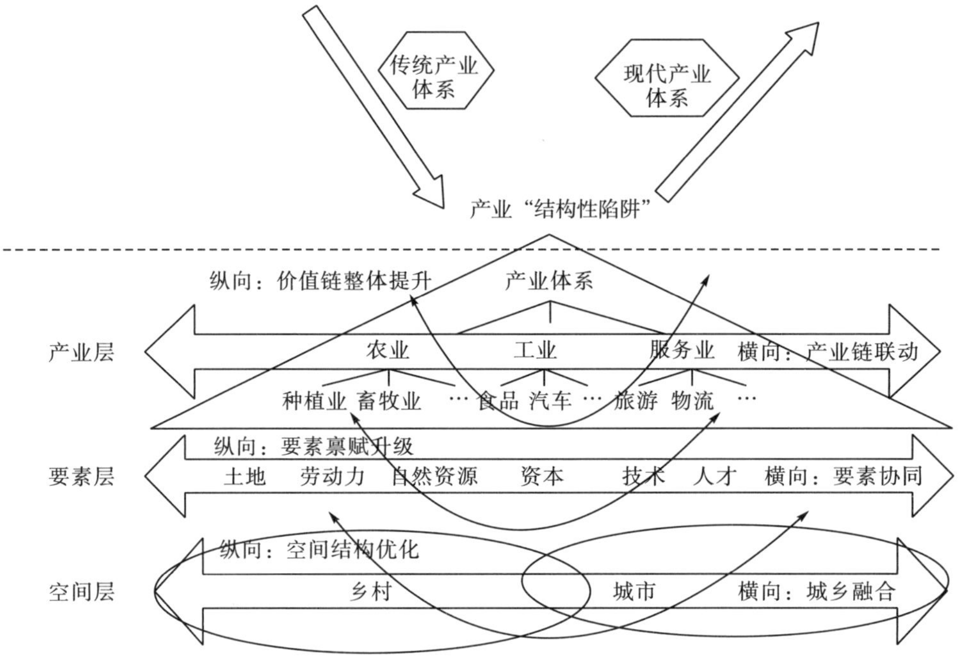

图 5-3 从传统产业体系向现代产业体系升级的动力机制

5.2 构建工农互促的现代农业

党的十九大报告提出“构建现代农业产业体系、生产体系、经营体系，完善农业支持保护制度，发展多种形式适度规模经营，培育新型农业经营主体，健全农业社会化服务体系，实现小农户和现代农业发展有机衔接。促进农村一二三产业融合发展，支持和鼓励农民就业创业，拓宽增收渠道。”①构建现代农业产业体系，即针对农产品多而不优、农业产业大而不强等问题，一方面，着力优化农业资源配置，调整农业产业结构，推进种植业、林业、畜牧业、渔业等转型发展，促进农村一二三产业融合发展，不断提高农业资源利用效率和农村产业竞争能力；另一方面，树立全产业链发展思路，着力延伸产业链条，不断提升农产品的附加值，同时完善农产品流通体系，建立健全农产品供应链，促进农产品产销双赢(蒋永穆，2018)。构建现代农业体系，以农村的一二三产业融合发展拓展农产品市场与服务，将城市作为农产品市场与服务的销售目的地，促进产品、市场在城乡间的融合。

5.2.1 推动农村传统农业转型发展

(1) 建立健全产学研结合的现代农业产业技术体系。首先，培育现代农业产业技术体系的多元化投入主体，增强农业科研经费投入力度，促进农业科技成果质量的持续提升。其次，加强现代农业产业技术队伍建设，优化人员激励机制，为现代农民提供职业教育和种植技能培训，形成一批合格的现代农业产业技术应用主体。此外，促进现代农业产业技术的应用推广，形成专业的现代农业产业技术推广体系，通过典型案例学习推广、先进技

①决胜全面建成小康社会 夺取新时代中国特色社会主义伟大胜利. 习近平在中国共产党第十九次全国代表大会上的报告.

术应用推广、全新农产品品种实地推广等多种途径实现现代农业产业技术的应用推广(刘涛，2012)。

(2)加快推进农业技术进步。现代农业产业体系的建设需要农业科技进步作为技术保障，以现代科学技术改进农业，以现代先进装备武装农业，释放农业要素配置红利，提升农业的技术支撑力量，形成技术创新驱动下的现代农业产业体系。完善农业技术推广体系，将先进科技融入农产品加工、农产品流通及销售各环节，加大对农业机械的投资，推进农业的集约化生产，提高农业资源利用率、土地产出率和劳动生产率。

(3)培育农业急需人才。培养有文化、懂技术、会经营的新型职业农民和新型农业经营主体，熟悉现代农业发展规律和行业发展趋势、具备企业家精神的农业管理人才，造就一支懂农业、爱农村、爱农民的“三农”工作队伍，建立完善农业社会化服务体系，推动不同主体之间的联合与合作，促进现代农民与现代农业的协调发展。

(4)以“互联网+”整合城乡产业资源。利用“互联网+”整合城乡要素资源，通过推动实现农业品牌塑造、市场营销、深度加工制造以及线上线下全渠道的精细化、规模化、信息化，从而构建起现代农业体系。加强二维码、无线射频识别等技术在农产品加工领域的应用与推广，进一步提升农产品精深加工能力。积极利用互联网金融长短期限灵活搭配、小额贷款审批流程短、资金放款速度快等优势，为农户提供资金短期拆借、农业生产资料购买的金融便利，发挥农业资金投入对其他资源流入农村的带动效应(专栏5-1)。

专栏5-1 让手机“新农具”用得更好

甘肃陇南市山大沟深，环境优美，核桃、木耳等山货纯天然，很受市场青睐。这里有将近1.5万家网店，网络销售额达到数亿元。数据显示，这里每百户农民手机拥有量超过300部，绝大多数村庄都能用手机使用4G网络、无线网络上网。如今，手机在农民手里不仅仅是生活资料，更是生产资料，用来获取市场信息和新技术，成为农业生产的好帮手。

手机变成农民生产的“新农具”。农业不再是简单地拿着锄头种地，物联网、自动化等新技术扎根田间，“耕耘”转移到了手机上，用手指头种地成为现实。一些地区的智能大棚的温度、湿度、施肥、灌溉，通过手机可以实时监测和调节。夏收时候，通过手机就能及时掌握哪个地方需要收割，一键对农户的麦收作业进行“抢单”。

手机变成农民销售农产品的“新农具”。不少地方用手机直播推销农产品，把农产品的生长环境、种植收获全过程展现给消费者，消费者可边看边买。另外，不少农民触网成为电商创客，通过统一包装、储运，农产品变身商品，打破时间空间限制，卖四季、卖全国。2017年全国有2118个淘宝村，活跃网店超过49万个，带动直接就业机会超过130万个。

让“新农具”用得更好，还要想办法为村民建好信息高速公路。

资料来源：《人民日报》2018年8月19日第9版，有删减。

5.2.2 延伸农业产业链促进城乡产业融合

(1)构建工农产品的城乡市场对接机制。要积极打破城乡在资源要素和商品之间的封锁和分割，积极推动城市会展中心、城乡专业市场、农村农贸市场之间的纵向联系，形成以满足消费者需求为基础、以市场为导向的稳定的供求关系(张永山，2018)。一方面，鼓励大中型企业向农村地区拓展市场；另一方面，要提升城乡市场的组织化程度，降低农民市场准入的门槛和风险。要打破原有的城市工业生产中的封闭分工机制，加强城乡在通信、交通等方面的联系和对接，以大农业思维在乡村建立农产品加工为主的分工体系，通过贸工农产业链形成工农产品的统一市场。

(2)利用“农超对接”模式连接二三产业。“农超对接”模式作为国家倡导的新型直销模式之一，得到了国家政策和财政的大力支持，在全国各地区均取得了良好的阶段性成果(刘彦平和王芃，2018)。通过保障城乡居民食品安全、降低采购成本、减少流通损耗，实现农民持续稳定增收。“农超对接”模式主要有三种，分别是“超市+农民专业合作社+农民”模式、“超市+基地”模式及“超市+龙头企业+农超对接基地”模式。传统供应链模式为“农产品生产者+多级加工企业或批发市场+零售企业”，“农超对接”模式的具体实施模式虽各有所不同，但均可减少中间环节、显著缩短供应链。在“农超对接”模式中，单个农民并不是直接与超市签订合同，而是通过专业合作社的形式向超市提供产品。因此，提高农民专业合作社发展水平是关键。首先，要加强农商联合，通过农业产业化龙头企业将农村分散的小生产同社会大生产、大流通联合，推动农户生产的社会化，以扩大规模、提升竞争力，政府要进一步加大对合作社的支持和扶植力度，以提升合作社的运营水平和运营规模。其次，可通过对相关人员进行培训或引入专业人才，规范合作社的运作，进而改进经营模式。面对合作社与超市的衔接问题，政府应出台相应法规，限制超市对农产品的不合理收费；同时，政府可对“农超对接”产品提供一定补贴。

5.2.3　完善农产品城乡流通体系

(1)建立城乡商贸流通合作组织。积极引导各种投资主体进入，鼓励城市大中型企业和农村合作社之间建立跨地区、跨行业的商贸流通合作机构，以此扩大经营范围和规模。利用规模经济达到降低流通费用的目的。具体来讲，可以扶持一批具备自主产权、核心竞争力的名牌物流企业，鼓励它们将企业触角延伸到农村地区，将现代化的流通方式引入农村与落后地区。要积极推动农村当地物流企业的建立和发展，通过资金或技术扶持帮助农资流通企业在城乡之间建立经营和销售网络。要强化各级主管部门对城乡物流信息系统的监督控制效力，加强对各项政策与法规的执行和落实度的关注。

(2)要加强农村物流基础设施建设。现代生鲜农产品物流模式的发展，需要高效的现代物流体系作为支撑。在城乡二元结构背景下，农村物流基础设施无法满足生鲜农产品的现代化物流发展模式要求，主要表现为信息化设施与交通设施的不足。政府应当完善互联网建设和交通设施投资，通过加大基础设施与配套设施投资的方式，推动农村地区交通便捷化与网络信息化的发展。还要不断加大对基础设施的维护，确保基础设施的高效运用和持久保障。农村生鲜农产品物流的关键环节，即冷链物流环节，要加大基础设施建设，运用先进技术改进现有的冷藏设备，或购入更先进的冷链设施设备，提高农产品产后低温包装和保鲜技术，大力引进先进的技术人才，指导设施设备的使用，综合提高调度能力、配送能力和协调能力。

5.2.4　发展农业合作组织提高农业竞争力

构建现代农业产业体系，核心是要提高农业产业的整体竞争力，促进农民持续增收，这是提高农业产业素质的必然要求，也是形成以工补农、以城带乡，推动形成工农互促、城乡互补、协调发展、共同繁荣的新型工农城乡关系的有效举措。

(1)大力发展农业合作组织。新型农业合作组织促使分散生产经营的农户趋于联合，既实现了农产品的规模化生产，也有利于形成特色鲜明的农产品品牌，为农产品集群发展打下了坚实的基础(花永剑，2010)。要通过发展农业合作组织，将农民从“小而全”的生产模式中解放出来，提高合作组织在市场上的议价能力。通过大力发展农业合作组织，培育农业产业链的发展主体。成立农民专业合作社，从事农副产品的加工。要积极提高合作社自身实力，扩大自身的规模，提升对农户、土地、设备等资源的整合能力，最终能够对市场需求变化做出及时调整。

(2)致力培育农产品龙头企业。积极培育农产品龙头企业，给予其用地、资金、技术等方面的政策支持，促进农业产业化水平提升，形成以优质特色农产品为核心，工农、农旅融合发展的新型农业产业发展格局。政府农业农村职能部门应发挥其农业配套服务中心功能，为农业龙头企业提供农业生产技术及信息网络技术等技术保障，协助企业打造特色品牌，增强品牌知名度，促进农业提质增效。

(3)加快规范农产品市场。作为中间商，农产品市场是实现农户小生产与大市场有机衔接的重要环节，加快规范农产品市场是促进农业产业链提升的重要路径。然而，当前农产品市场存在以下诸多问题：第一，农产品市场的物流管理水平低下，大多只能进行现场交易，增值服务拓展空间巨大；第二，市场经营者素质偏低，市场环境存在“脏、乱、差”的问题；第三，农产品市场技术创新缓慢，管理水平落后，整体服务水平不足，市场交易成本居高不下。建立规范高效的农产品市场，需要提高物流管理水平，简化农产品流通程序，实现农产品由生产者到消费者的高效传递，降低农产品交易成本，提高农产品销售效益(丁家云和周正平，2015)。

5.3 构建工农互促的现代工业

5.3.1 发挥先进制造业对一三产业的支撑作用

(1)充分发展先进制造业。先进制造业是指制造业不断吸收新一代信息技术、机械装备、新材料以及现代管理技术等方面的高新技术成果，并将这些先进制造技术综合应用于制造业产品的研发设计、生产制造、在线检测、营销服务和管理的全过程，实现优质、高效、低耗、清洁、灵活生产，即实现信息化、自动化、智能化、柔性化、生态化生产，取得很好经济收益和市场效果的制造业总称(罗文，2014)。我国要建立起城乡融合的现代工业体系，就要发挥先进制造业对一三产业的支撑作用，充分发展工业制造业为现代农业和现代服务业的发展提供“硬件”基础，实现城乡的产业融合。第一产业根植于乡村，但是乡村的发展不能只依靠传统农业。只有用先进制造业的技术和装备武装农业，农业才具备实现现代农业的物质技术条件。同理，没有充分、完整的工业化发展过程，没有高端制造业作为基础，集聚研发、咨询、金融等高端服务业的现代服务业也无从谈起。

(2)大力发展农村农副产品的深加工。发展农村农副产品的加工，对产业振兴带动乡村振兴具有显著的影响，主要体现在以下方面：第一，农副产品加工需要大量的劳动力，在一定程度上能够增加农村的就业岗位，有利于乡村劳动力的就近就业，从而拉动乡村内需，同时有助于解决留守儿童、空巢老人等社会问题；第二，农副产品深加工能避免农作物因过期变质等问题产生浪费现象，从而提高农作物的商业价值，丰富了乡村当地劳动力的劳动收入来源；第三，发展农村农副产品深加工有助于降低城乡物流成本，大多数深加工企业都处于城市或者工业园区，原料运输成本较高。在农村发展农副产品深加工业，可以提高农村土地的利用率，缓解城市土地资源紧张的问题。

5.3.2　完善先进制造业培育机制

(1)完善自主创新体系。第一，搭建以企业为主体、以政府部门为支撑、以高校院所和科研机构为帮扶、金融及科技机构多方参与的“政产学研资”协同创新平台。第二，优化绩效考评体系和创新激励机制，给予科技人才充分的自主权，充分释放先进制造业高层次人才的积极性和创造性，培育优化先进制造业高层次创新人才队伍。第三，营造宽松和谐的自主创新环境，通过主流媒体宣传和政府的引导，形成“大众创业，万众创新”、尊重人才、尊重创新、包容共享的创新文化氛围(李政，2013)。

(2)促进生产要素在城乡间的有序流动。市场经济条件下的生产要素具有较强的逐利性，倾向于从价格较低的地区流向价格较高的地区。先进制造业所在区域存在的高收益，将吸引区域内外资金、技术、人才、信息、管理等生产要素的流入与集聚，这是先进制造业培育发展的基本动力。要素的城乡流动具有结构性偏好，在市场经济利益和实现自我价值的双重目标下，资本、技术、优秀人才、现代管理等高级要素更容易流动到价格较高的城市地区。要使生产要素的流动让劳动者与工作机会在城乡空间上匹配，还要发挥政府的作用，制定倾向农村的政策，促进生产要素回流到农村，部分抵消城市的虹吸作用，为先进制造业促进城乡融合创造制度环境(简晓彬和陈宏伟，2018)。

5.4　构建工农互促的现代服务业

5.4.1　增强现代服务业对一二产业的服务功能

党的十九大报告强调“支持传统产业优化升级，加快发展现代服务业”。随着科技进步和经济结构优化，第三产业在经济增长中的占比和作用日益上升，也对一二产业的增长和协调发展形成了必要支撑，是发展工农互促的现代产业体系的新趋势。现代服务业是用现代化的新技术、新业态和新服务方式改造、提升和扩大传统服务业，向社会提供高附加值、高层次、知识型的生产服务和生活服务的国民经济新兴产业(王婉薇，2006)。在经济和产业结构演变发展的背景下，以现代服务业的培育为主导，传统服务业升级为辅助，提供中间服务并带动工农业协同发展，从而构建起工农互促的现代服务业。

1. 重点发展惠泽“三农”的现代服务业

顺应技术进步、消费升级和产业融合的加速趋势，围绕重点发展现代农业，以构建农业产业链和健全农业服务体系为核心，促进“农业+商业”“农业+旅游”“农业+大数据”等农村一三产业融合发展的新模式。一是增强对农业的技术保障能力。顺应科技进步趋势，发展农业科技服务业，支持农户高质量的生产，普及应用先进、前沿的科研技术，着力提高农产品的品质与竞争优势。二是拓宽农业市场渠道。发展“互联网+”农村电商、高质量的农产品物流配送服务，促进农超对接，打通长期困扰农业农村的流通难题，解决农产品的销售不畅问题。三是提供农村劳动力更好的就业空间。在工业化和城镇化发展初期，制造业是吸纳农村剩余劳动力的主体，随着智能制造发展，制造业使用劳动力比例将大幅降低，现代服务业成为缓解社会就业压力的主渠道。四是助推农业适应消费升级。随着消费升级，延伸农业部门向休闲观光等特色农业旅游演变。把现代服务业的经营理念、经营业务和经营管理模式“渗透”到农业经营管理过程，与农业发展密切结合，拓展农业的“增值空间”。

2. 深入推进现代服务业与先进制造业协同发展

围绕重点打造的先进制造业集群，以拓展供应链增值服务为核心，鼓励制造业企业通过技术升级逐步向产业链两端延伸，加快从生产制造型向生产服务型转变。优先发展现代物流、工业设计、知识产权保护、检验检测等高附加值生产服务，创新发展大数据、金融资本、人力资源、现代商务、互联网平台服务等高端要素聚合服务。

5.4.2 优化现代服务业体系的培育机制

1. 优化服务业结构

首先，加快发展高端生产性服务业。瞄准国际标准提高水平，促进“互联网+”、数字化、智能化等新技术、新业态和新模式的推广应用，重点发展金融、信息、科技、咨询、教育、物流、电商等技术含量高、产业关联性大和城乡辐射面广的现代服务业，全面改造提升传统服务体系，加快三次产业全产业链协同创新、跨界融合发展。其次，高质量发展城乡生活服务业。紧密围绕人民日益增长的美好生活需要，着力提升生活服务供给的质量，探索创新“文化+农业”“旅游+农业”城乡一三产业融合发展模式，优先发展文化旅游、休闲娱乐、康体养老、教育培训等高品质的民生性服务业。

2. 建立健全符合市场规则的现代服务业管理体系

首先，促进同行业和所有制的企业进入公平竞争，加快国内服务业市场形成公平统一的市场环境。其次，创新发展服务贸易，推动现代服务业开放发展。最后，合理发挥政府在服务业发展中的协调监管作用，加强法律法规保障，全面改善营商环境，促进我国现代服务业的投资和良性发展。

3. 构建现代服务业人才培育机制

人才是现代服务业发展的核心要素，针对产业发展趋势和人才需求，建立服务业职业资格标准体系，加强现代服务业专业人才培养，坚持高等教育与社会职业培训相结合，培养一批有理论、懂业务、富有职业精神的高层次、复合型的现代服务业人才。

5.5 促进先进制造业与现代服务业的协同融合发展

5.5.1 促进先进制造业与现代服务业的协同发展

先进制造业和现代服务业间的协同发展能够很好促进产业在城市和乡村的双向延伸。一方面，制造业基地通常位于城市边缘的交通便利地区，多为城乡接合部，能够吸收城乡附近的大量劳动力就业，知识溢出效应有利于提升乡村劳动力素质。另一方面，制造业的升级需要第三方机构积极搭建科技孵化平台，离不开科技转化机构的服务。因而，制造业的升级一方面可以提升乡村劳动力的素质，促进处于产业链中低端的传统工业升级为先进制造业，也可以带动相关配套的现代生产性服务业发展。

5.5.2 深化先进制造业和现代服务业融合发展

为深化先进制造业和现代服务业的融合式发展，可以将生产性服务业从制造业企业中进一步分离出来，例如创建科技产权服务链条。将其中剥离出的商业服务、科技研发和信息化支持等功能外包给社会专业化服务法人实体运营，提供从科技孵化到科技转化的一系列金融、财政支持(图 5-4)。由产业行业协会作为中介，积极搭建和完善先进制造业和现代服务业交流合作平台和高端产业信息共享平台，最大限度地减少先进制造业企业和现代服务业企业之间的信息不对称问题，进一步降低相关企业的交易成本，提高其产业融合合作效率；围绕对先进制造业的服务支撑，增加现代服务业在研发前期风险投资、产权保护和技术推广等方面对先进制造业的服务支撑。

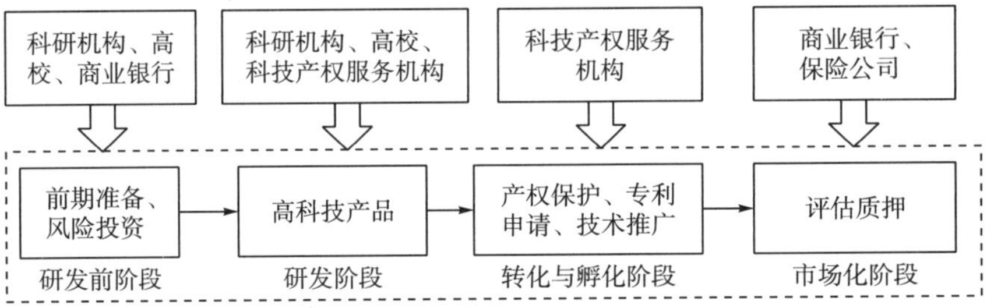

图 5-4 科技产权服务链条

第六章　构筑乡村振兴和新型城镇化双轮驱动的城乡融合发展格局

通常而言，要素边际收益递增驱动要素从收益率低的地区流向收益率高的地区，改善要素空间资源配置效率，加速不同市场的一般均衡状态。对城乡两大市场空间而言，一方面实施乡村振兴战略，增强城乡要素双向合理流动的内生动力；另一方面，稳妥推进新型城镇化，提高要素边际报酬收益率，增进资源配置效率。围绕城乡关系的时代命题，党的十九大报告提出“按照产业兴旺、生态宜居、乡风文明、治理有效、生活富裕的总要求，建立健全城乡融合发展体制机制和政策体系，加快推进农业农村现代化”。新时代背景下，中国城乡融合发展正面临着新起点和新使命。新时代的城乡融合发展不仅限于城乡经济关系范畴，其内涵和指向逐步拓展至城乡空间交融、城乡居民享有基本均等的公共服务等更为广泛的领域，是更高水平、更高层次的城乡融合发展。

6.1　城乡融合发展的时代内涵、面临矛盾、动力机制与战略举措

6.1.1　城乡融合发展的新时代内涵

城乡两部门构成了国民经济和社会秩序的基本结构。推进城乡融合发展是我国现代化的必由之路，是实现共同富裕的应有之义。然而，城乡的融合发展不是消除城乡之间的个性化差异，不是彻底消灭乡村和农业的经济现象和自然社会景象。城乡间将在相当长的时间范围内保持各具特色的风貌，城乡差距和居民间福利差距将长期存在。而城乡融合是乡村的自然资源、生态环境与城市的物质条件、公共服务有机的融合。总体而言，城乡融合的内涵，主要体现在物理空间形态、经济社会发展水平、顶层设计三个方面。

1. 物理空间形态

城乡融合发展的物理空间形态，其实质是城乡彼此深度嵌入、空间网络化互联。从城乡二元结构到城乡统筹、城乡一体化，再到城乡融合发展，在物理空间形态上表现为城乡空间形态和结构的持续优化，即城乡之间的空间联系度不断深化，城乡空间边界逐渐模糊，城市化和逆城市化同时存在，并最终形成“城乡融合”的空间均衡格局。在城乡空间融合的过程中，随着互联网信息技术不断渗透、交通基础设施持续延伸和制度改革加速深化，部分城市经济社会功能向农村地区蔓延扩散，农村闲置劳动力、农产品和休闲旅游服务与城市对接，形成田园城市、特色小镇、现代农业产业园、新农村社区等一系列承载城乡空间的新模式、新形态，生产、生活、生态功能在城乡空间实现重新整合配置，城乡空间从彼此分离、边界清晰的旧格局转向立体化、网络化的互联互通新格局。

城市和乡村仍然具有明显的二元景观特色。工业与农业不同的生产方式带来经济要素

和人口完全不同的集散模式，在空间形态上表现为高度集聚的城市和分散布局的乡村，在深层次带来差异化的生活消费方式和空间功能。城市空间内经济要素与二三产业活动高度集聚，生产竞争性与共享性的特征并存，生活消费方式呈现出多样化、快节奏的特点。乡村空间内经济要素与农业活动呈现分散布局，节奏相对较慢，代表了一种更为生态、更为自然的生活状态，乡村作为城市休闲生活功能区和生态屏障区，为城市提供产业配套、宜居休闲、空间隔离等多元功能。

2. 经济社会发展水平

城乡融合的经济社会发展水平，其实质是城乡收入均衡化、城乡产业互补成链和城乡居民社会福利均等化。

收入均衡化、产业互补成链，是城乡融合在经济社会方面的直接表现。伴随着城乡居民收入水平的整体提升和消费升级，高档化、个性化和便利化的消费需求增多，诱发城乡产业体系向层次化、差别化和多元化转型，新时代乡村产业振兴发展客观要求“促进农村一二三产业融合发展”。随着农产品消费需求走向高端化、个性化和便利化，农业从传统的种植业态向技术研发、精深加工、创意设计、休闲观光、生态养生和文化体验延伸；同时，工业与服务业也在升级过程中衍生出具有农业农村属性的新特征，如名优农特产品、农村电商、冷链物流、“上山下乡”文化餐饮等新业态层出不穷。一二三产业相互渗透、交织和链接，形成城乡融合发展的重要内容，推动农业产业链延伸；一二三产业价值链整体提升，实现城镇居民生活质量提升、农民收入根本性改善的双向经济效应。

城乡居民社会福利均等化，是城乡融合在经济社会方面的深层次要求。城乡资源禀赋差异和经济效率差距，使得在市场效率优先原则的一次分配中，存在城市偏向的利益分配格局，且由城乡居民收入差距衍生出消费差距，这个差距需政府通过财政转移支付等方式来缩小，协调发展、共享发展等新发展理念对城乡居民社会福利均等化提出了更高要求。一方面，城乡收入差距缩小、城乡产业互补成链，通过资源配置体系的重构创造新价值，形成城乡居民社会福利均等化的物质基础；另一方面，需要深化财税体制、公共服务体制改革，使城乡居民共享发展成果。

3. 顶层设计

城乡融合的顶层设计，其实质包含城乡融合发展的理念、制度设计和规划等。新时代的城乡融合发展，一方面是来源于市场经济机制、城乡空间演变效应等内生性动力；另一方面，向城乡融合发展的更高水平推进，需要实现理念、制度和规划等一系列外生性动因的适应性调整。城乡管理的体制机制和政策体系改革，亟待从单纯的“输血”式扶持向“造血”式培育内生性新动能、不同部分协同耦合转变。

6.1.2　城乡融合发展面临的矛盾

(1)经济降速与增加民生投入的矛盾。我国进入经济高质量发展阶段，城乡高质量融合发展面临的内在要求是促进农村居民平等享受改革发展红利，必然增加民生刚性支出投入。因此，推进城乡高质量融合，一方面，要求适当降低过去工业化、城市化的外延式扩张速度，传统粗放型工业化、城市化模式将占用更多的农地，且受制于环境规制与生态容量限制而付出更高的经济社会成本，资源的错配与粗放利用拉低了经济增速，做小了“蛋糕”；另一方面，要增加改善乡村民生的投入，增加更多财力保障。而经济减速必然带来政府财政民生刚性支出压力，因而经济减速与民生支出之间的矛盾便日益凸显。

(2) 大城市功能疏解与郊区县吸纳能力不足的矛盾。在空间层面，城乡融合表现为高度一体化的城乡连绵带，而活力十足的中小城镇无疑成为城乡衔接、连接大城市和广袤乡村的中间纽带。一方面，中小城镇接受大城市辐射，是大城市发展的基础；另一方面，中小城镇是带动乡村振兴发展的引擎。经过快速的工业化和城市化阶段，我国一些地区出现了过于膨胀的大城市化特征，产业向大城市集聚伴随着人口的集聚，过度集聚带来的拥挤效应使得要素边际报酬递减。此时，空间功能疏散和产业规划成为政府城乡规划的重心所在。因而，政府开始着手制定疏散大城市产业与人口的规划及政策，郊区县的中小城镇得以快速发展。而我国自上而下的要素行政管控体制，使得上一级行政区域具有集中产业、人口、资金、建设用地和公共服务资源的更强势能，致使一些地区郊区县中小城镇和村庄存在着“有建设、无指标”的问题，政府对于中小城镇的配套制度和政策又未及时跟上，使得“大城市病”和中小城镇发展不足并存。

(3) 农村资源要素短缺与城乡体制壁垒未根本破除之间的矛盾。从生产要素的空间分布规律看，劳动力、土地、自然资源等要素主要分布在广阔的农村腹地，人才、技术、资本等要素则高度集中在城市中心；同时，“极化”效应又加剧了这种要素空间分布不均的格局。要素空间分布的二元结构，致使农业发展出现资源要素短缺，现代农业支撑薄弱，农村产业相对单一，农民增收缓慢，而城乡体制壁垒未根本破除，阻碍了劳动力等城乡生产要素从单向流动向双向流动转变，使得农业农村生产要素不足、城市生产要素过度集中和使用率不足的问题长期存在。

6.1.3　城乡融合发展的动力机制

(1) 城市发展的外溢扩散机制。交通和通信等关联性基础设施，是城乡之间建立联系的实体通道。依托这些实体通道建立的联系，各种要素和商品在城乡之间流动。这种不断加强的经济联系客观上推动城市突破地域限制，发挥扩散作用，优先对城郊农村起到辐射带动作用。

随着城市规模扩大到一定的限度，交通拥挤、土地供应紧张、环境恶化等城市病，催生城市拥挤效应与负外部性，推动城市资金流、人口、物流、信息流、技术流向乡村地区扩散，与周边乡村结合成一个有机系统，带动农村经济的发展。

(2) 乡村发展的内生机制。城乡融合发展是一个双向互动过程。城市通过经济要素的扩散带动农村社会经济的发展，而农村在这一过程中也并不是完全被动的，来自乡村的“离土不离乡”的就地城镇化，是城乡之间交互作用的内生动力。推动这些的直接力量来自农村工业化发展、乡村功能变迁。此外，乡镇企业经过多年发展，是小城镇经济发展的重要载体。乡村工业化将传统的农民改造成产业工人，在推动农村产业结构升级调整的同时，提高了城市与乡村产业结构的关联度，强化了乡村承接城市辐射扩散的能力。

(3)政府—市场的实现机制。从实现机制的角度看，城乡融合发展最终仍需要依赖政府—市场关系的持续调整，即发挥市场在配置城乡要素资源中的决定性作用，更好发挥政府在市场运行秩序及城乡基本公共服务均等化供给方面的调节管理作用。在城乡融合发展进程中，政府除了为市场机制提供制度和技术基础之外，其经济职能还表现为通过财政资源和公共产品配置的“三农”倾斜，矫正城乡二元经济结构和社会结构，实现城乡居民共同富裕及社会福利均等化目标。

6.1.4　新型城镇化与乡村振兴共同促进城乡融合的战略举措

(1)乡村振兴是城乡融合的出发点。城乡融合发展，首先要依托农村自身的力量，尤其是要通过推进农村集体产权制度改革、户籍制度改革等，保障农民财产权益，加快培育乡村的新动能，使之成为破解城乡二元结构的内生动力。党的十九大报告首次提出“城乡融合发展”的论述，将“建立健全城乡融合发展体制机制和政策体系”作为实现乡村振兴目标的战略路径。实施乡村振兴战略，必须推进城乡融合发展，要从根本上改变乡村长期从属于城市的状态，明确乡村在城乡关系中的平等地位，加快形成以工促农、以城带乡的发展模式，推动城乡地位平等、城乡要素互动、城乡空间共融。

(2)新型城镇化是助推城乡融合的重要抓手。新型城镇化是我国现代化的必由之路。新型城镇化不仅是人口、产业的快速集中，生产、生活从传统的农村向现代化城市迁移，产业结构乃至居民就业结构从农业部门转向工业和服务业部门，更重要的是坚持“高效率、高质量、集约型”的新型城镇化道路。新时代城乡融合发展路径离不开新型城镇化的广泛参与。一方面，以产业发展增加城市就业，吸纳大量农村剩余劳动力和疏解农村人口，提升农村人均资源占有量及缩小城乡居民人均收入差距，稳妥推进以人为本的城镇化，促进城乡基本公共服务均等化；另一方面，提高新型城镇化质量，注重城市生态文明发展，注重人口城镇化、产业城镇化与土地城镇化的协同，优化城镇体系和城镇化布局，注重城市转型中的自然环境、人文环境修复，实现城镇化建设过程中的生产空间集约高效、生活空间宜居适度、生态空间山清水秀。

6.2　以乡村振兴促进城乡融合

6.2.1　乡村振兴促进城乡融合的总体要求

城乡融合的短板在于乡村发展相对不足、发展程度相对较低，关键在于农业发展相对不足、农村产业基础薄弱。结合城乡融合发展的内涵，本书认为，在两大动力之间，关键的动力在乡村。本书以乡村振兴角度为突破口，以乡村振兴战略的五大要求作为切入点，探讨城乡融合发展的乡村振兴路径。

1. 以产业兴旺补齐乡村产业短板

长期以来，我国乡村产业集中在传统的农林牧副渔领域。由于传统农产品限价政策以及城市工业的投资报酬率远高于农业，导致乡村居民从事农业生产利润相对有限，有些乡村居民放弃种养殖业，进入城市寻找工作机会，从事第一产业人口的减少客观上为农业实现机械化耕作和提高农业生产率提供了契机。农村人口向城市持续单向涌入，城市建成区面积不断扩大，短期内城市的公共配套设施无法满足快速增加的人口的需求，“城市病”日益凸显。要解决城乡产业的发展不平衡及“城市病”问题，发展乡村产业，实现乡村产业振兴是关键。只有乡村产业兴旺了，乡村才能从根本上改变产业空心的相对弱质局面，拥有自身发展的内生动力。

党的十九大报告指出，“构建现代农业产业体系、生产体系、经营体系”。这是推进农业农村现代化的重要判断，是实施乡村振兴战略的重要抓手，为产业兴旺明确了重点内容和发展路径。促进乡村产业兴旺，除了发展现代农业体系，还要注意改革相关产业资源高效配置的制度及关联的一系列制度体系等。

2. 以生态宜居提升乡村居住环境质量

自“构建新型工农城乡关系”被提出以来，农村经济快速发展，但是一些地区农村环境保护却仍是短板。本书认为，农村生态环境保护主要受到以下两大类因素影响。

一类因素是一些城市将乡村作为污染物定向排放与处置点。随着经济的不断发展，人们开始注重城市卫生的保护和环境的改善，一些乡村成为城市废物垃圾处理的承接地区。一些城市各种工业废品、生活垃圾向农村排放，一些垃圾回收处理站也集中在城郊或乡村地区，虽然目前采用了先进的垃圾处理与回收技术，但是垃圾处理过程不可避免地会导致乡村的水、土壤等遭到污染。

另一类因素是来自乡村自身的污染物排放。近年来，乡村养殖业、小型企业和工业作坊快速发展，对产生的废水、废气和工业垃圾的无害化处理总体上落后于城市。一些没有经过彻底无害化处理的废水废渣向地下渗漏，存在地下水有害物质严重超标的风险，影响人们的生活用水质量。为了实现农作物高产，农业不可避免地会用到化肥、农药、塑料薄膜。长此以往，这些农业生产资料渗透到土壤中，会导致土壤板结，严重污染和降低土地质量，再经过农田径流对地下水造成污染，破坏农村的生态环境。加上，一些农村居民区的基础设施和监管的相对缺失，日常生活中产生的生活垃圾、废水、废气，大都未经无害化处理排放至居民区周边，造成农村聚居点周围的环境受到污染。

建设生态宜居乡村，就要从当前污染乡村生态环境的上述两大因素着手，加大对城乡生活垃圾、工业废品的无害化处理力度，加强监管力度和乡村基础设施建设，以根除乡村环境污染源。

3. 以新时代乡风文明助推城乡居民素质同步

中国几千年悠久农耕文明孕育了深厚的乡土文化，传统、质朴的乡土文化是维系传统农业社会乡村运转的重要力量，是农民生产生活的精神寄托。改革开放之后，随着经济的高速增长和城市优先发展战略的实施，农村经济与乡土文化受到一定影响。面对现代城市物质文明的冲击，传统乡土文化基因未得到较好传承。另一方面，农村社会风貌逐渐趋于现代化新方向，科学健康的生活方式和社会主义道德新风尚开始在新时代的乡土文化中有所萌芽，但新时代的乡风文明远未成熟(郭俊敏，2011)。一些因素影响着乡村安详、淳朴的民风，影响着乡村精神文明建设。城乡精神文明建设不同步，导致一些地区城乡居民的精神状态、素质方面存在较大差距。

推进农业现代化、农村基础设施改善等物质条件改善，是乡村振兴的硬件基础。然而，更为关键的“软件”建设离不开农村乡风文化振兴，开展乡风文明建设是乡村振兴之“魂”。需要加强乡风文明建设，崇尚科学，重点保护历史文化名村、传统村落等乡村文化遗迹，合理吸收城市文化建设中的先进因素，兴建乡村文化站、阅览室等文化设施，鼓励优秀文艺作品下乡，重视村民家风的培育，重塑新时代乡贤文化。

4. 以治理有效促进城乡治理一体化

改革开放以来，我国在城乡公共服务体系建设方面仍存在着一些问题，突出表现为城乡公共服务非均衡发展，尤其是农村公共服务供给不足，城乡公共服务配置结构呈明显的非均等化特征，无法满足城乡公共服务一体化发展目标。公共服务制度的不完善导致现有城乡公共服务相对独立，制度失衡的趋势日益明显，突出表现在以下方面：城乡各异的医疗保障制度越来越不适应城乡人口流动性持续增强的现实；城市义务教育遵循按户籍入学的机制，与日益扩大的进城务工人员子女接受义务教育需求相差甚远；农村义务教育投入机制未能与农村人口迁移的新趋势相匹配(刘良，2014)。

以上种种矛盾的症结在于城乡公共服务制度设计与城乡人口、资源布局之间的相对错位。城乡治理的短板在于乡村治理能力不足。为此，亟待推进城乡治理一体化，着重解决乡村治理能力不足的瓶颈约束。显而易见的是，乡村治理能力的不足与乡村的财力有限密切相关。全面提升农村地区的基本公共服务水平，持续改进乡村的民生保障，离不开现代治理能力建设和庞大的财力支持。为此，国家应加大对县、乡政府必要的专项财政投入和政策支持。

5. 以生活富裕实现城乡居民共同富裕

“生活富裕”是实现“共同富裕”的必然要求，2018 年中央一号文件指明“乡村振兴，生活富裕是根本”。从乡村振兴视角看，生活富裕是全面实现“农业强、农村美、农民富”的重要内容，乡村振兴最终要落脚到农民的生活富裕上。

改革开放四十多年，农民生活水平由温饱向全面小康转变。如图 6-1 所示，党的十九大后，乡村振兴发展迈入快车道，农村面貌得到极大改善，农民生活水平得到显著提高。2013～2017 年，我国农村居民人均可支配收入由 9429.6 元增加到 13432.4 元，其中于 2014 年首次突破万元大关并稳步上升。然而，我国城乡居民收入的绝对差距依然在扩大。城乡居民人均绝对收入差距从 2013 年的 17037.4 元扩大到 2017 年的 22963.8 元。因而，加快乡村振兴发展，必须提高农村居民人均收入水平，缩小城乡收入差距。

图 6-1 是全国城乡居民平均收入差距的表现，还应该注意到平均数背后一些低于平均数值的农村家庭。当前，我国已实现消除绝对贫困，在全面建成小康社会的新征程上，更要关注农村居民收入水平的提升。只有大幅提高农村居民的收入水平，才能实现城乡居民共同富裕目标。

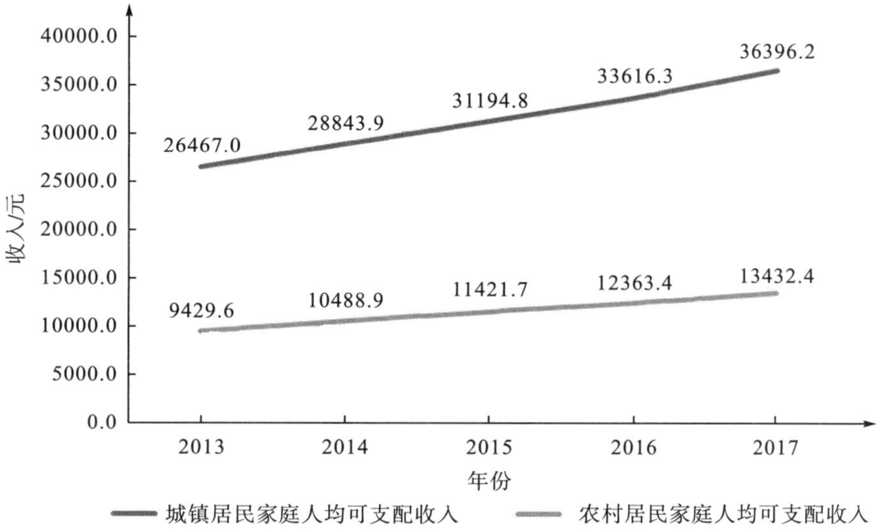

图 6-1　2013～2017 年全国城乡居民家庭人均可支配收入

数据来源：《2018 年中国统计年鉴》。

6.2.2　乡村振兴促进城乡融合的发展路径

1. 构建现代农业产业体系

从经济性质看，乡村是包括农村工农业经济和其他形式经济类型在内的和谐共生的空间。乡村振兴要求农村经济持续增长、农民收入提高和农村城镇快速建设等，其核心在于构建现代农业产业体系。

构建现代农业体系，一方面，要大力发展家庭农场，加速土地流转速度和规模，支持农户大户承包更多土地进行规模生产，强化关联配套的政策扶持、技术指导和金融支持，夯实现代农业生产的基础单元；另一方面，继续支持农业龙头企业发展，发挥龙头企业的规模经济效能和引领创新作用，为大型农业企业提供充分的农业种植养殖园区土地，为全产业链的升级发展提供全方位配套服务，创新农产品的生产方式，重点在于产业链上产品附加值高、经济效益好的特色农产品技术攻关和品牌打造。

2. 加强乡村基础设施与公共服务建设

实现乡村振兴，完善的基础设施和公共服务体系是保障。公共服务基础设施建设是农村经济社会良性发展的基本前提，是农民美好生活的基础保障。乡镇、村两级行政管理机构，应科学、合理地安排使用上级拨付的财政资金，积极拓展多元化的社会资金来源，有步骤地稳健推进农村基础设施建设，推进公共服务体系从城镇向农村延伸，推动农村基础设施建设水平逐步向城市看齐，从道路、水利、电力等基础设施逐步向教育、医疗、文化等基础设施升级，协同提升农村公共基础设施的管理运营、服务保障和人才支撑等软件条件，最终全面改善农业生产条件和农村生活环境。值得注意的是，推动公共服务体系从城镇向农村延伸，并非完全照搬城镇基础设施建设，而是在保留农村自身特色、基础设施建设与农村自身特色完全融合的基础上改善农村生产生活方式(姜德波和彭程，2018)。

此外，在提升农村基础设施总量供应水平的同时，还要使农村基础设施布局与农村产业活动、人口分布相匹配，统筹城乡区域空间资源和土地配置，合理确定农村基础设施的空间架构和功能布局，确保城市公共服务资源向乡村的延伸和无缝衔接。

3. 扶持和培育新型农业经营主体

要发展现代农业，就要走规模经营之路；要实现规模经营，就必须培育新型农业经营主体。新型农业经营主体不仅包括专业种植大户、农民专业合作社及带动农业发展的龙头企业等，还包括在整个规模化经营的各个环节和为满足农业生产需要建立的服务组织(王岳含，2016)。西部需要扶持和培育新型农业经营主体来提升现代农业发展质量。

利用已有的农业生产基础，支持有条件的农户培养成规模种养大户，鼓励有意愿、有技能的农户采取流转土地、投资入股、合作经营、引进技术等多种方式扩大种养规模，提升种养品质，并向休闲观光农业拓展，重点形成一批特色优势鲜明、多元化经营、综合效益良好的示范家庭农场。鼓励农业企业通过强强联合、兼并重组等方式，建立农业产业化经营龙头集团，构建现代农业全产业链，支持有实力的农业龙头企业建立原料生产基地，发展农产品加工业，建设仓储物流设施，实施品牌推广战略和打造农产品直营店，全面提升市场竞争力。

4. 提升乡村治理能力

推进城乡公共服务均等化，要把城乡经济社会作为一个整体进行统一规划，逐步实现“城乡一体化、公共服务均等化”，真正体现“以人为本、公平公正”的执政理念(厉以宁，2009)。

加大农村基层社区建设力度，从投入机制、平台建设和工作队伍 3 个角度，着手推进乡村治理常态化。加大农村基层社区建设的投入力度，健全村自治组织运行经费和政府购买服务投入机制。加大社区平台建设，推进社区公共服务信息平台和社会化服务平台建设全覆盖，并逐渐向智慧社区升级，全面提升社区治理和社区服务能力。充分发挥村民代表大会作用和基层党组织的带头作用，加强乡村社会工作人才队伍的建设(“提升四川乡村治理能力的途径和措施”课题组，2017)。

6.3　以新型城镇化促进城乡融合发展

6.3.1　城镇化带动城乡融合的机理分析

1. 城镇化为现代农业发展吸收富余劳动力，并为农产品提供广阔市场

城镇化能够吸收农业富余劳动力。随着农业劳动生产率水平逐步提高，农业吸纳就业比例下降是大趋势，需要城镇化发力来吸纳农村剩余劳动力。一方面，进城务工人员从事工业和服务业，转化为产业工人，为城镇化提供源源不断的支撑，加快人口城镇化进程。另一方面，留在乡村的劳动力由于单位农业人口占有的土地资源增加，单位农村劳动力收入在农业生产率提高的前提下才可能接近城镇人口的单位劳动力收入水平。

城镇化为农产品及其农业加工产品提供广阔的市场。城市为农产品销售和经济价值的

实现，提供了多样化和规模效应显著的消费市场。如果没有城镇化，农产品只是在农村地区相互交换，市场空间有限，可实现价值较低；另一方面，有限的市场需求无法激励农业技术与农业生产的升级。因此，农业产品的规模化、技术、设备等的升级和生产都要靠城镇化来支撑。

城镇化进程中，主要是工业和服务业比传统农业具有更高的收入和利润，对劳动力的需求相对更高，从而引发劳动力从农村地区迁移到城市地区的过程。在我国经济向高质量发展迈进的历史阶段，除了传统的城镇化模式，更要借助新型城镇化，更加注重城镇的良性发展，以新型城镇化带动乡村振兴，最终达到城乡的空间、经济、社会、文化和生态等多方面融合。

当前，我国城镇化已具备一定的物质基础，但仍存在农业转移人口市民化保障力度不够、城乡生态环境恶化、城乡空间秩序紊乱等诸多问题。新型城镇化是我国城镇化发展进入特定的历史时期后提出的城镇化发展战略。新型城镇化倡导从单纯关注规模增长到更为强调城镇化质量，从“以经济建设为中心”到“以人为本”，从关注城市建设的物质实体到关注城市文明和生态环境。我国城乡经济已逐步转向高质量发展阶段，人口、土地和资本流向城市的单向配置模式，转为城乡两个空间的双向互动和配置。在乡村发展中充分利用城市的人力、资本、技术等资源，以工农要素互促加快推进农业农村现代化与城乡共融（沈迟，2018）。

2. 城镇体系的空间优化推进城乡融合

首先，城镇体系的空间优化推进城乡产业融合。城市是我国经济社会发展的重点，大城市更是居于经济发展的前沿，其产业发展与基础设施建设以及公共服务保障等一直处于领先和示范地位，在新型城镇化中起重要的主导与辐射作用（刘国斌和朱先声，2018）。

构建空间优化的城镇体系，就是以城市群为载体，中心大城市（直辖市、国家中心城市、省会城市等）带动中小城市和小城镇发展，形成经济活动和人口沿着中心城市—中小城市—特色小镇的等级体系逐级扩散疏解的机制，中小城市、小城镇承接大城市的功能外溢，从空间形态和格局上为城乡融合发展提供支撑。以中小城市和小城镇疏解承接大城市功能，即利用中小城市“承上启下”的作用，促进区域内生产要素以及生产力的优化配置和合理布局。目前，超大城市与特大城市的经济虹吸作用尤其明显，更应注重中小城市和小城镇的发展，形成梯度合理的“超大特大城市—中小城市—小城镇”三级城镇体系。

其次，城镇体系的空间优化推进城乡就业融合。城镇三级体系中的特色城镇建设，在城乡就业融合方面起到关键作用。第一，特色城镇的发展，避免了农村劳动力向大中城市过度转移给城市地区带来沉重的发展负担及过于拥挤的“大城市病”，有助于实现城乡基础设施及公共服务一体化。第二，特色小镇建设有利于要素在城乡空间的配置均衡及农民就地城镇化。通过特色小镇发展，发挥增长极的作用，既能促进农村劳动力就地享受集聚效益，也能促进劳动力主动从城市向小城镇转移，发挥人力资本外溢效应，为小城镇建设提供智力支持，提高人力资源在城乡地域空间范围内的优化配置效率。

6.3.2　城镇化促进城乡融合的模式

1. 珠江三角洲模式：产业集聚带动城镇群发展

珠江三角洲地区的城镇化模式是以产业集聚带动人口集聚，依托乡镇企业和民营企业集中的中心镇发展模式。珠江三角洲地区有着沿江沿海的区位优势，可以大规模引进香港等地的资金，辅以国家优惠政策，发展出口导向的外向型经济，繁荣地方经济。

在珠江三角洲城镇化进程中，主要特点有3点。第一，以产业集聚带动城镇化人口集聚。利用我国改革开放前沿的优势区位，珠江三角洲地区较早实现了产业集聚和城镇化，城镇化的人口集聚主要由中心城镇承载产业集聚实现。第二，以增强中心城市连城带乡能力，推进城乡一体化。珠江三角洲地区依托各具特色的“一镇一品”产业集群，以工业化带动城镇化，带动城镇基础设施和配套服务能力不断完善和协同发展，形成了大中小城市和小城镇协调发展、功能互补、衔接城乡一体化的城镇群。第三，以外商直接投资为引擎，开启工业化和城镇化双驱动。珠江三角洲地区拥有我国最早的改革开放经济特区，随着大量资金涌入而带来国外和港澳台地区的人才、技术、先进经营模式，造就了一批综合实力强大的工业重镇。这些工业重镇在吸收全国农村剩余劳动力方面起到了积极作用(黄庆华等，2016)。

2. 东北模式：政府主导的快速城镇化

只有城市经济稳定发展，才能为城乡融合提供源源不断的就业岗位，进而有助于乡村剩余劳动力向城市转移。改革开放后，东北地区的城镇化在政府主导下快速发展。到2002年，吉林省城镇化率达到50.88%，历史上首次突破50%的关口，比1978年提升了20.2个百分点。黑龙江省在2002年城镇化率达到53%，辽宁则在2000年时已经达到52.91%。

东北地区从2013年开始固定资产投资出现负增长，经济衰退带来城市就业人口与就业岗位减少，无法为城镇化提供充足的就业岗位，导致城镇化水平缓慢，也直接影响了城乡融合发展。中央在2003年做出振兴东北老工业基地的重大部署，东北地区城镇化开始稳步提升，城乡融合度近五年来呈现平稳增长态势，城镇化率平均增速均有所放缓。当前“东北振兴”任务艰巨，老工业城市如何重振经济活力，带动城乡融合，是东北地区面临的重要命题。

3. 温州模式：市场经济主导下的小城镇发展促进城乡融合

温州模式是以分散家庭工业为主导的小城镇带动城乡融合的模式。改革开放初期，温州个体经济和非农产业迅速发展，以本地家庭为经营单位的作坊工业和辐射全球的专业化市场为载体，形成特色产业小城镇。以家庭生产模式和小商品交易市场模式为双轮驱动，使温州的农业剩余劳动力和农村人口向毗邻小城镇聚集，小城镇成为联动城乡要素流动、产业互促的纽带(吴盛汉，2008)。

温州模式的特点主要表现在3个方面。一是个体经济的繁荣是就地城镇化的内生动力。围绕家庭作坊及乡镇企业的蓬勃发展，专业化商品市场的快速催生，形成了特色鲜明的产业集群和“板块经济”，成为就地城镇化的内生动力。二是市场机制与政府调控的配合相得益彰。温州是改革开放初期最早探索中国特色社会主义市场经济机制的地区之一，率先引入市场机制，同时政府公共服务模式从开发型供给向经营型供给转变。三是土地制度改革奠定城镇化的物质基础。温州是全国较早推行土地有偿使用制度的地区，政府充分发掘城镇化的“土地红利”，通过土地出让金、土地抵押融资、土地入股分红等多种形式获得了城镇建设所必要的充足资金(黄庆华 等，2016)。

4. 现有城镇化模式的总结提炼

(1) 一些地区片面追求高速增长，引致城乡空间失衡。在工业化、城市化和农业现代化进程的快速推进中，产业、人口的集聚现象明显，农村剩余劳动力和非农产业沿着“农村—中小城镇—大城市”的轨迹递次转移。一方面，人口、产业的集聚效应带动城乡经济的整体发展；另一方面，一些地区现有的城镇化模式过度集聚造成城乡空间失衡，作为工业化和城市化载体的大城市过度拥挤，存在集聚不经济，而农村产业和人口的空心化问题凸显，制约了城乡融合。

(2) 一些地区生态建设让位经济发展的现象明显。在长期的粗放式城镇化发展模式下，一些地区地方政府在经济利益的驱使下，土地占用规模刚性增加，违规占用农用耕地现象频发。同时，粗放的工业化带来高耗能、高污染等系列问题，影响城乡融合的可持续发展。

(3) 文化建设没有追赶上经济建设的步伐。底蕴深厚的乡土文化依附在传统的乡村形态上，是乡村社会关系和秩序的“稳定器”和“调节器”。然而，在快速城市化进程的猛烈冲击下，传统的乡村社会关系逐步解体，乡土文化的传承需要得到重视。同时，新的乡村文化需要加大挖掘与发扬，实现乡村文化与城市文化的融合。农村转移人口未能充分为城市文化所接纳，城乡居民的社会主义核心价值观需要进一步牢固树立。

(4) 要让城乡居民共同分享新型城镇化的成果。首先，工业化和城市化早期发展所必需的原始资本积累已经具备，当前需要政府通过更加注重公平的二次分配，将经济社会成果向农村和农民倾斜。其次，对于城镇土地与农村土地的不同价问题，需要做出更妥善的安排，使农民享受土地增值带来的收益。

6.3.3　新型城镇化促进城乡融合的主要路径

1. 全面提升城镇化质量

我国在长久以来的城镇化建设过程中，存在效率低下、盲目扩张城镇建设用地、忽视“三农”问题和生态环境保护等问题，城镇化发展质量较低，制约了城乡融合发展。新时代背景下，我国应建设高质量的新型城镇化，坚持“高效率、高质量、集约型”的新型城镇化发展道路，全面提升城镇化质量，为城乡融合发展提供支撑。一方面，高质量的新型城镇化必须夯实经济基础，聚焦产业集聚，提高城镇劳动力、科技、信息和资本集聚能力，增强对城镇化地区周边农村的经济辐射影响，通过城镇化带动乡村振兴发展，推进工业化与城镇化同步发展。加快非农产业的城镇集聚，增加城镇就业岗位和吸引人口集聚，为城乡融合发展提供物质基础。另一方面，新型城镇化是不以牺牲农业农村发展和生态环境的城镇化，是城乡共繁荣、共富裕的“以人为本”的城镇化。提升城镇化质量即是把城乡居民的基本公共服务需求放在第一位，提高并优化城镇基本公共服务和公共产品的供给，促进城乡基本公共服务均等化目标的实现，提高城镇人口的生活质量。此外，坚持低成本推进新型城镇化建设，优化城镇体系和城镇化布局，注重城市转型中的自然环境、人文环境修复，以城市转型带动经济体制与经济结构转型，实现城镇化建设过程中农村三产的发展、农民的增收致富和农村面貌的改善。

2. 积极推进农业转移人口市民化

在农业剩余劳动力向城镇工业服务业转移的过程中，城镇化推动了农民生活空间从农村到城镇的地域空间转移和从农民到工人、个体工商户的职业转换进程。新型城镇化的建设，必须坚持“以人为本”，实现土地城镇化与人口城镇化的同步。一方面，优化人口城镇化建设，打破户籍制度对城乡人口自由流动的限制，实行居住证制度，降低人口城镇化门槛(吕添贵 等，2016)；增加人力资本投入，加强对进城务工人员教育、医疗等方面的民生投入，提高人口城镇化质量。另一方面，加大城镇建设用地供给，建立长期稳定的城市土地供应机制，降低城市土地市场的垄断性，提高土地市场化水平；严守耕地红线，严控城市扩张非法违规侵占农用土地，管控城市扩张规模，划定城市新增用地和规划范围的边界，保障城市规模有序扩张，推行城市存量用地再开发；明确政府公共产品提供者和管理者职能，加强城市土地出让资金监管，摆脱城市发展过度依赖土地财政的困境(吕添贵 等，2016)。福建省晋江市走出了一条降低人口城镇化门槛的新路子(专栏 6-1)。

专栏 6-1　由乡入城的晋江经验

“晋江奇迹”是我国县域经济改革开放的典范，作为中国百强县、福建省县域首位的晋江市，依托民营经济迅速推进工业化，同时创造了与工业化相匹配的农业转移人口市民化的“晋江经验”。

近十年来，晋江的流动人口常年保持在百万人以上规模，超过本地人口成为常态。晋江在开展国家和省级新型城镇化综合改革试点中，把推进外来人口市民化作为改革的核心目标。一是创新以居住为依据的“落户”制度。外来人口申办居住证，赋予 30 项市民化待遇；实行“无房也可落户”政策。二是探索“同城同待遇”。不让一名外来务工人员因恶意欠薪而领不到工资、维不了权、子女上不了学。三是打造外来人口融入当地社会良好平台，300 多名外来人员担任市、镇两级“两代表一委员”。

晋江经验最重要的特点是：突出以人为本、公平共享，重点解决外来人口市民化本地化的问题，推动基本公共服务向外来人口延伸，确保常住人口的公共服务全覆盖，探索出以确保外来人口市民化为重点的城乡融合发展路径。

资料来源：晋江之路——“晋江经验”15 年发展传承综述. 人民网-人民日报，2017-3-18(有节选和删改)。

3. 培育特色小镇促进城乡产业融合

特色小镇拓展了新型城镇化发展的空间，是链接城乡的支点和践行高质量发展的平台。很多特色小镇嵌入在各类城市内，有些布局于城市郊区或产业园区，虽不是农业转移人口市民化的主战场，但却形成了承载农业转移人口进城就业、承接大城市中心城区人口功能疏解的新平台。有些特色小镇处于城乡中间节点，成为城市人才、资本、技术等要素和企业下乡的载体，促进了城乡要素交互配置和产业融合发展，成为打通城乡融合“最后一公里”的有效抓手。特色小镇凭借新而活的体制机制及相对较低的土地、住房、劳动力等成本，更容易在一个小空间内集聚要素和特色产业，有利于激发新经济发展活力，带动传统产业转型升级，培育形成供给侧小镇经济。培育产业小镇，需要在资源禀赋基础上，发挥小镇各自比较优势，借鉴成功的特色小镇开发模式，聚力特色小镇三次产业发展，增进城市与乡村的产业融合。

4. 统筹产业布局与城镇布局

要将产业布局与城镇布局有机融合。产业布局下的“主导产业区-配套产业区-工业园区-特色(配套)产业点”与“中心城市城区-县城城区-城郊镇街-功能型镇街”的城镇布局，实现融合和联动，形成产业协作严密、城镇衔接紧密、产业与城镇深度融合的互动格局(刘著江和马云卿，2018)。在城镇布局方面，统筹推进大中小城市与小城镇协调发展，进一步整合优化城镇生产、生活和生态功能，提升城镇空间治理效率。在产业布局方面，通过完善合作社公司化运营、打造农产品加工园区等方式，吸引资本、技术、人才等资源向农村流动，促进城乡产业的配置效率整体最优。大力促进物流、金融等生产性服务业和商贸、旅游等消费性服务业发展，以服务业衔接工农城乡，以服务业作为工业化与城镇化协同的黏合剂，最终提高产业与城镇融合互动的效率。

第七章　健全新型工农城乡关系统筹协调的一体化机制

长期以来，我国一些地区在处理工农城乡关系过程中从理论上忽略了经济活动同时具有产业与地域这两个浑然天成、一体两面的空间归属，疏忽了经济发展其实就是产业活动和地域载体的有机耦合和协调互动，“单打一”地调整产业结构或者优化地域空间，并没有将产业结构调整和地域空间优化统筹协同推进。以至于这些地区大搞“造城运动”，忽视产业活动跟进，形成“卧城”等产业空心化现象；另一些地区大搞“产业集中”，忽视地域空间优化，引发生产空间拥挤、生活空间狭窄、生态空间恶化等空间弱质性问题。统筹构建新型工农城乡关系既不能“一刀切”，也不能“单打一”，简单机械地分别调整产业结构或者优化地域空间，而应该以系统思维和整体观念统筹协调推进产业空间和地域空间的有机耦合，形成工农互促、城乡互补、全面融合、共同繁荣的新型工农城乡关系。

本章从政府、市场与组织载体 3 个方面，构筑新型工农城乡关系耦合协同的体系，以经济利益调节机制发挥市场在资源配置中的决定性作用，完善顶层设计和行政管理，更好地发挥政府调控作用，培育城乡产业链和新型微观主体，构筑工农城乡组织载体。

7.1　构建新型工农城乡关系统筹协调的经济调节机制

7.1.1　完善新型工农城乡关系的利益协调机制

1. 利益矛盾构成制约新型工农城乡关系的基本问题

在我国工农城乡关系的演化进程中，市场经济规律是最重要的诱因之一，城市的自我强化效应、不同产业的劳动生产率不同以及投资乘数与收入加速效应等内生性经济因素，促成一些地区工农城乡发展的利益分布不均、发展不平衡。

中国的传统城镇化、工业化发展进程中，一些地区片面追求数量和规模增长，农业为城市化、工业化做出了巨大贡献的同时，“三农”问题长期得不到根本性解决。这些地区工农城乡关系的现状归根结底是利益在工农城乡不同部门的分配失衡。

(1) 由于我国农业农村在改革发展过程中作出了巨大的贡献，但是以工哺农的长效机制尚未成熟，导致城乡共同富裕的目标尚存在乡村这一短板。改革开放四十多年，我国城乡收入比处于 1.82～3.33，2019 年城镇居民人均收入是同期农村居民的 2.64 倍，而人均消费则是 2.11 倍。城市和乡村的相对收入差距依然较大。我国总人口的 70%仍是农村居民，农民作为我国社会人口的重要组成部分，是我国社会稳定的基础。作为社会主义国家，全体人民共同富裕是本质要求，如果在社会发展过程中仅有少数富有阶层的收入增加，而农民收入不增长或者增长太慢，不利于实现社会主义的根本目标。经济建设和社会发展都离不开稳定的环境，农村的稳定和农民生活的持续改善是我国发展的重要保障(彭腾，2006)。

(2)农产品的价格之前受工农剪刀差的影响，仍然偏低。生产资料与农产品的价格之比处于严重失调的状态。在中华人民共和国成立初期的计划经济时代，重工业优先的发展战略迫使农业为工业提供积累，政府通过低价的农产品统购统销，使得农产品价格长期低于其自身价值，工农产品价格“剪刀差”使得工业与农业、城市与乡村处于不等价的交换关系。据估算，通过工农产品价格“剪刀差”，农村农业转移至城市工业的劳动剩余最低为4481亿元(徐从才和沈太基，1993)、最高达7000亿元(朱若峰，1992)。1978年，改革开放后，国家逐步放开农产品的市场价格，取消统购统销，农产品价格开始上涨并回归至市场价值，但由于通货膨胀，农资和工业品价格上涨幅度更大及农村农业融资成本高，在自发市场机制下工农价格“剪刀差”及相应的城乡收入差距仍难以根本性缩小。自2001年我国加入世界贸易组织(World Trade Organization，WTO)后，我国工业品享受到国门开放的红利而大量出口创汇，工业和城市也吸引了大量外资；而受到国外低价格大规模的农产品进口冲击，且由于资源禀赋差距大、技术水平落后、农资成本偏高等原因，国内农产品价格在世界市场上不具有国际竞争优势，农产品进口量呈上升趋势。比如，我国大豆对外依存度从2012年起已连续多年超过80%(林光彬和郑川，2018)，国内农业企业和农民受到影响。

(3)农民在城乡消费和社会保障中长期与城镇居民存在差距。如前文分析，农村居民家庭恩格尔系数、人均消费支出、医疗保健支出占比、教育资源供给等方面长期低于城镇居民家庭，且有逐年扩大趋势。当前城乡的社会保障制度存在一定差距，导致更多资源倾向于城市。例如，现有医保制度将城镇与农村居民分属新农合与城镇居民医保基金两类医保制度，城乡居民医保待遇二元性特征突出，农民在报销比例、医保覆盖病种目录等各方面与城镇居民不同。

2. 新型工农城乡关系的利益协调机制构成

利益协调机制是通过一系列的制度安排、政策引导和法律法规约束，在保证利益主体行动的自发性和自觉性前提下，形成利益主体间相互联系、相互作用的方式(曹萍，2017)。因此，本书认为，构建新型工农城乡关系的利益协调机制，是以根本性扭转农业、乡村在利益关系格局中的地位为前提，通过制度安排赋予农民更合理的权益地位，通过政策引导资源向农村农业倾斜，通过法律法规约束和规范工农城乡利益主体，实现农民获益、农业复苏和乡村振兴，最终破除现有的产业空间和地域空间发展相互分离的发展模式，在工与农、城与乡，以及工农、城乡之间，形成彼此互哺的利益共同体。

本书认为，新型工农城乡关系的利益协调机制应包含工农城乡政治利益协调机制、工农经济利益协调机制、城乡社会利益协调机制。

(1)建立公平公正的工农城乡政治利益协调机制是前提。农业利益长期为工业发展做贡献，农民与城镇居民获得的社会保障不一致，始终将农业与农民的权益地位置于工业与城镇居民同等地位还有很长的道路要走。在发展战略和制度安排中，“三农”主体的地位和角色需要有更加清晰的定位。建立公平、公正的工农城乡政治利益协调机制，就是在构建新型工农城乡关系进程中，以利益诉求机制、利益约束机制为建设内容，着眼改变农业经济价值被低估、市民与农民的身份差别、农村土地使用权的市场地位的未完善、农民与城镇居民工资和劳保待遇不同等制度性因素。

(2) 构建资源高效率配置、价值分布均衡、收入分配平衡的工农经济利益协调机制。工农经济利益是新型工农城乡关系利益的核心，是工农城乡利益均得以合理保障的外在表现，也是城乡社会利益进一步协调的现实基础。构建资源高效率配置、价值分布均衡、收入分配平衡的工农经济利益协调机制，就是在构建新型工农城乡关系进程中，以利益引导机制、利益整合机制为建设内容，着眼缩小工农产品价格“剪刀差”、城乡居民收入差距至可接受范围，引导人才、金融等城市高端资源流入农村，土地、劳动力、生态等农村要素与城市良性互动，在“托底”粮食安全、农民基本生活保障的前提下充分发挥市场机制对农产品价格、农业利润和农民收入的调节作用。

(3) 完善全覆盖、一体化的城乡社会利益协调机制是深层次要求。完善利益协调机制必须对全体居民全覆盖，以利益补偿机制为建设内容，建立面向全体居民的基础教育、养老、失业、医疗保险制度，满足城乡利益均等化的基本要求。

3. 新型工农城乡关系的利益协调机制推进策略

面对我国协调推进新型工业化、新型城镇化、乡村振兴三大战略的重大命题，基于市场自发机制，构建利益协调机制。完善工农城乡利益的协调机制，要着眼于制度、政策和法律法规的完善与创新(王建增，2011)。

传统的工农关系演进思路认为，农业所提供的农副产品只要能够满足经济发展需要，即认为这种工农关系是合理的。这种思路，一方面忽视了农业不仅具有提供农副产品的功能，而且农业对其他产业的基础作用还表现为农副产品的持续供应。农业的效益和农民收入的增长及农村市场的开拓需要被更大程度地纳入工农关系的框架中。另一方面，我国工业也面临着产能过剩、效率损失严重等问题，因此对于工农关系的协调，不能仅仅以二者发展速度来衡量，还需综合考虑产业发展效率，以城乡居民收入的增加、工农产品的多样化满足经济发展需要来衡量。

(1) 构建工农城乡一体化的制度框架。制度是协调工农城乡利益关系的持久性、权威性因素，进一步深化城乡经济体制改革，逐步建立城乡统一的劳动就业、培训和医疗、教育、养老等社会保障制度，加快建立城乡统一的户籍管理制度，不断完善农村土地制度，创新有利于新型工农城乡关系构建并能高效调动社会主体投身乡村振兴战略和农业农村现代化的城乡一体化制度框架，建立城乡统一、农村偏向的公共服务制度。

(2) 落实工业对农业、城市对乡村的利益补偿政策。适当提高农副产品价格，这是提高农民收入水平的重要手段。伴随高质量发展阶段的到来，工业和城市取得了长足的发展，具备了工业支持农业、城市反哺乡村的能力。需要以协调工农城乡关系为目标调整财政投资方向，通过调整支出结构，扩大向农业和乡村的转移支付。工业部门可以考虑落实补偿义务。利益补偿是改善农业生产条件和实现城乡共赢的重要措施，对于乡村面临的产业凋敝、生态环境等被破坏等问题，亟待建立以工促农政策补偿机制，并考虑工业对农业、城市对乡村的利益补偿和城乡共促共荣的有机结合。

为此，亟待建立以工促农、以城带乡的利益补偿措施来弥补过去工农产品“价格剪刀差”给农业农村带来的损失。补偿形式既可以采取国家财政转移支付、专项补偿补贴、建立农业发展基金、低息贷款等形式，也可以考虑大型中央国有企业(石油、化工、能源类企业)承担相应社会责任，从每年的主营业务收入中提取一定比例资金，转移支付给企业所在省域的受援单元，用于落后乡村产业发展、社会事业和基础设施及生态环境建设。

(3)制定确保工农城乡利益协调的长期规划。工农利益要协调，地方政府在制定地方政策时，就要把城市和乡村作为一个整体统筹考虑。要确保政策统筹制定有据可依，就要首先制定中长期的涉及城市与乡村经济社会发展的一系列规划。当前部分省份已经意识到统筹城乡发展，规划要先行。部分经济发展水平较高、工业化进入中后期的省份制定了关于城乡一体化的相关规划。我国四大直辖市及浙江、海南、广东、陕西等省开展此项工作较早，但是整个东北地区以及西部大部分省区尚未开展此项工作，需要积极推进，从规划层面落实城乡共融发展战略。要按照“三区三线”的要求，统筹规划工业与农业、城镇与农村的空间布局，考虑将部分的商业区和工业区布局于城郊和乡村，从而带动乡村的发展。例如，食品加工业，可以将原料的产地和食品的加工都布局在乡村地域，从而构建贸工农一体产业链，以此加快推进工农城乡统筹。

7.1.2　构建工农城乡资源高效配置的制度体系

本书认为，城乡统一大市场可以为产业体系提供畅通的工农产品销售渠道，发挥市场配置资源的决定性作用，微观主体以价格信号调节市场供求的产品生产，为三次产业间按比例进行生产与再生产，以及促进国民社会有序再生产提供了保证。

1. 建立统一开放、竞争有序的市场体系

我国在“一穷二白”的经济基础上开始了社会主义现代化建设，从半殖民地半封建社会过渡到新民主主义社会，再通过“一化三改造”①建立社会主义制度。为此，我国要素市场既受到小农经济自给自足的自然经济影响，又受到中华人民共和国成立初期计划经济思想的影响。

改革开放后，我国工农城乡间的市场分割，既有乡村市场经济发展相对滞后的原因，也有工农城乡要素流动不畅、要素平等程度相对较低的影响。从要素的地域流动性来讲，统一市场指的是要素在地区和部门间自由流动。制度因素和市场的分割是阻碍工农城乡统一的要素市场建立的主要制约因素，需要破除制度和市场壁垒，按照构建全国统一大市场的要求，建设统一的工农城乡市场。市场有效调节资源配置需要以良好的市场秩序为前提。从我国市场经济体制建立的历史沿革来看，中国特色市场经济脱胎于计划经济，市场发育程度亟待完善，价格机制在市场体制中的调节作用还存在较大的空间。当前还存在着市场规制不统　，市场发育不充分等问题(洪银兴，2018)，从而导致当前市场体系与秩序难以有效实现高效率的资源配置。

新制度经济学告诉我们，交易双方“是作为自由的、在法律上平等的人缔结契约的。

①1953年的过渡时期总路线提出要在一个相当长的时期内，逐步实现国家的社会主义工业化，并逐步实现国家对农业、对手工业和对资本主义工商业的社会主义改造，建立社会主义制度。

契约是他们的意志借以得到共同的法律表现的最后后果”(马克思，2004)。保护产权是建立保障契约、实现市场秩序的前提，通过法制手段保护各种市场主体的产权和合法权益。同时这种市场秩序的建立还需要依托法治化的营商环境，以公平的交易和竞争保护各类主体的权益，形成良好的市场秩序。但市场的竞争具有两面性，既有积极作用，也有消极后果。积极作用体现在能够通过价格调节和市场规律对微观经济主体产生强激励，推动商品经济的发展，促使资源在不同部门和市场主体间合理配置。另一方面，由于市场的自发性等弊端，竞争的优胜劣汰会使生产和资本趋于集中，从而产生不正当的竞争行为。在市场发育不完善的情况下，由于“囚徒困境”导致市场主体竞相采取非正当竞争，破坏正常的竞争秩序，不利于竞争正向作用的发挥，阻碍社会生产力健康发展，损害市场中各个主体的公共利益。因此，为促进竞争发挥正向作用，需要通过发挥规制作用，保护正当竞争，防止垄断行为发生，保护市场公平竞争(吴汉洪，2018)。

2. 打破地方保护主义

区域市场分割是当前工农城乡统一市场尚未构建完成的障碍之一。地方政府通过分割市场方式来保护面临激烈市场竞争的本地生产者。

一些地方政府过分重视 GDP 考核，期望能够在短期内获得更高的利益，从而衍生出地方保护主义。当其他地方政府采取分割市场的决策时，为了保护自身利益不受损失，本地政府也会采取应对措施。这种类似“囚徒困境”的自发性行为，使得地方政府竞相采取分割市场的决策(桂琦寒 等，2006)。这有可能引致地方政府展开分割市场的竞赛，以此限制竞争对手的发展，这种恶性竞争将进一步加剧市场分割。为促进工农城乡要素的有序流动，应强化区域对外开放、政府协同，消除市场分割。特别是部分乡村地区发展起步较晚，发展较慢，商品经济或市场经济发育水平低，更应该鼓励、促进这些落后地区的对外开放，破除市场的分割(刘秉镰和朱俊丰，2018)。同时放宽工农城乡市场准入，通过建立负面清单，对市场主体行为进行规范，允许多元市场主体参与新型工农城乡关系的构建，提高资源利用效率。

3. 破除影响要素有序双向流动的体制障碍

短期内无法构建新型工农城乡关系，既有乡村的市场经济水平相对滞后的原因，也有要素流动体系不畅导致农村劳动力无法双向流动的因素。阻碍劳动力在工农城乡部门间流动的主要因素是城乡二元的户籍制度。目前，各地政府对户籍制度做出了一定调整，但是附加在户籍上的各种权利仍然存在，劳动力持续从农业部门单向流入工业部门的现状并未根本改变。建立全面覆盖工农城乡要素的统一大市场，需要打破制约要素流动的制度因素和市场壁垒，构建资源要素有序流动的渠道。

(1)打通城乡劳动力双向流动渠道。基于预期收益差异，我国劳动力流动特征突出表现为由农村向大中城市流动，但是囿于户籍制度和较高的城市生活成本，进城务工人员在城市中定居的总体数量依然较低。近年来涌现的外出务工人员回流现象，也受制于农村狭小的就业市场空间，制约了回流人员的就业创业。为此，加快特色小镇建设，扩大乡村劳动力吸纳能力，逐步完善公共服务资源分配的方式，建立城乡之间新的连接点与缝合点，这既保障了剩余劳动力能够流入城市，也为劳动力的返乡提供了载体，推动城乡劳动力双向互补流动。

(2)深化农村集体产权制度改革。平等交换的前提和基础是产权的明晰。在产权方面，我国农村的所有制形式是集体所有制，农村集体资产的权属，尤其是所有权、处置权归集于集体，仅经营权是可以流转的。集体资产经营者既可以是“职业经理人”，也可以是“法人”，存在多种新型经营主体。现行政策方面，当前中央正在推进农村改革，其中对农村集体产权的改革是农村改革的核心。中央要求对农村集体经营性资产进行折股量化，对资源性资产进行确权颁证，但由于我国区域异质性的存在，不同地区的农村集体权属表现出较大的差异。因此，只有明确集体经济组织对于集体资产的产权权能，以平等的身份参与市场活动，赋予平等的话语权，才能实现农村资产要素交易机会的平等化。

产权的界定能够从制度上激发农村土地、资本等要素的活力，从而促进要素的有序流动。一方面，集体产权制度的变革有利于将农村集体经济组织培育为完备的市场主体，具有完备的产权行为能力，从而提高农村集体资产的流动性，提高资产的市场价值；另一方面，完备的产权能力促进了集体组织同其他市场主体的合作，从而为完善现代农业产业体系创造条件。农村集体经济组织通过市场化的方式实现所有权与经营权的分离，在农村集体经济组织之间、农村集体经济组织与企业之间开展战略合作、联合发展，创新农村集体资产的实现形式(梁春梅和李晓楠，2018)。

当前，农民的个人承包地在产权性质上属于集体所有，无法把土地抵押给银行获得贷款。这种由于制度设计而导致的城乡同一要素收益不匹配和不平等问题加重了城乡一体化发展的难度。农村宅基地和农民住房是农民重要的资产，但由于流动性不强的原因，未能带来财产性收入，需要通过尝试农村农民资产抵押，促进农村金融的发展，从而保护和实现农民对宅基地和农民住宅的应有权益(安虎森和薄文广，2016)。

城市和农村实行两种土地所有制，带来了土地增值收益分配的严重不均衡。政府通过低价征用农村土地，在城市市场中以高价出让土地而获得高额增值收益。这种城乡土地价格“剪刀差”带来了诸多严重的经济和社会问题，不仅造成地方政府粗放的土地经营方式，同时也导致农村长期得不到足额的补偿，农业和农村长期滞后于城市的发展。目前，我国的城市经济已经具备了相对规模，有条件有能力积极稳妥地推进农村征地制度改革，合理实现土地增值收益在城乡间的分配(专栏 7-1)。

专栏 7-1　海城金融改革撬动现代农业(农村经济观察)(高云才，2018)

海城通过新型金融保险改革拓展农村金融渠道，解决农村融资难、融资贵、融资险的突出问题，打通涉农设施可抵押、农村用益物权权能可贷款的通道，着力破解和重构乡村振兴“钱”的要素，为现代农业发展注入了资金活水。

农民手里的山场、林地、滩涂，在海城都具有用益物权的属性，可以作为农民间接融资的抵押物，金海村镇银行通过量身定做的金融产品向农民贷款。截至 2018 年 8 月，共发放贷款 15 笔，贷款金额达 694 万元。在农村改革试验区的探索中，海城通过搭建农村产权交易中心，盘活了农村沉淀资产，唤醒了农村资源活力。

资料来源：人民网-人民日报，2018 年 8 月 19 日，内容有节选。

7.2 打造统筹工农城乡关系的多维载体

7.2.1 构筑统筹城乡链接三次产业的城乡产业链

构建延展于城乡两个地域单元、链接三次产业的城乡产业链，不仅可以打破城乡两个地域单元封闭运行，同时也能够促进工农产业空间的深度融合，重塑工农城乡关系。城乡产业链既可以借助产业价值链的利益机制推动农业、工业和服务业构成互利互惠的利益共同体，又可以借助产业链环节区位指向性的布局机制促进城市、郊区和乡村形成融合一体的地域综合体，也可以推进产业空间和地域空间的有机耦合。

产业链通过技术关联将不同的产业部门和企业主体链接起来，而基于此形成的城乡产业链不仅具有沟通三次产业的作用，同时能够链接城乡两个地域单元，是促进城乡协调发展的理想载体。

产业链基于城乡两个地域单元的资源禀赋优势，一头连接城市，另一头接通乡村，生产过程中将地域空间和产业空间的资金、技术和人才要素整合起来，能够激活工农城乡要素合理流动；产业链不仅是要素的通道，同样也是产品流动的载体，能够推进城乡市场的开拓，促使城乡互为市场；产业链通过技术关联促使上下游产业部门相互沟通，搭建起市场主体间沟通的平台，能够平衡工农城乡主体利益；产业链在城乡空间上通过接通和延伸效应，以产业空间驱动地域空间的变化，推进城乡空间融合和新型工农城乡形态形成（龚勤林，2004a）。

(1)激活工农城乡经济发展要素交流。农业农村在长期的制度扭曲和经济规律驱使下，其发展潜力和巨大市场空间受到了抑制，需要在城市和二三产业发展的带动下激活各种资源，实现工农城乡资源要素的平等交换。城乡产业链将要素进行整合对接，促使农村要素资源突破地域的限制，摆脱低效农业的束缚，激活农业农村要素资源，提升要素价值创造能力。城乡产业链搭建起工业和城市要素资源进入农业农村的载体，促进了要素的双向流动。农产品向商贸和工业品的转化是城乡产业链的着眼点，产业链通过贸工农三次产业的链接作用，提高了农产品市场化程度，加速乡村传统农业向现代农业转化，实现了工农城乡要素在城乡产业链载体上的对流和合理流动。

(2)促进城乡空间融合。城乡空间的二元结构不仅表现为城乡物质空间迥异，更表现为城乡产业发展差异导致的经济发展差异。城乡产业链在城市端将市场的需求信息通过链条传到农村端，从而引致农业产品结构和业态的调整，伴随着城乡间的信息传递，产品价值也沿着产业链进行回溯，能够提升农村农业的发展效益。产业链条的延伸和接通能够促进新产业形成，在城乡之间形成若干新的产业集群和新产业区，从而逐渐形成城乡过渡地带，促进城乡空间融合（龚勤林，2004a）。

(3)提升城乡经济效益。城乡产业链通过市场和技术关联将城乡两个地域单元的市场主体和三次产业联系在一起，有利于三次产业，工人、农民和商人，城市、乡村形成一个利益共享、风险共担的共同体，实现地域和主体间利益的协调。同时，产业链的接通和延伸作用将会促成新的经济部门或者边缘产业部门的形成，这将提供一系列新的工作岗位，为农村富余劳动力转移和回流创造良好条件，这对于推动农民身份转换和增加农民收入都具有特殊重要意义，也是人口城市化的重要途径(龚勤林，2004b)。

7.2.2　培育统筹工农城乡的新型微观主体

在新型工农城乡关系的统筹构建中，组织模式创新和主体培育是激发工农城乡内在活力的微观基础和重要载体。过分依赖政府力量推动工农城乡协调发展的模式，由于存在信息不对称条件下的逆向选择与效率损失，要素过度投入或投入不足都会带来城乡统一大市场的发育不足。统筹构建新型工农城乡关系，有赖于富有活力的微观主体的参与，形成耦合于工农城乡的国内大循环主体格局。

1. 新型工农城乡微观主体的构成与作用

经济活动的微观主体主要是指企业，也包含由个体以及个体构成的联合组织。在统筹工农城乡的视阈下，微观主体包含企业、农户以及介于二者之间的农业合作组织等。当前在这些微观主体中，个体农户(未加入合作组织)的占比最高，2018 年我国仍有 50.9%的农户属于个体农户，说明我国农业生产活动还是以分散的小规模经营为主，规模经济和效益尚未发挥出来，从而进一步导致农业生产的市场化和农业产品的商品化低。

新型工农城乡微观主体是以商品化生产的以农业为主的经营组织，具有一定的物质装备条件和管理能力，其劳动生产率和资源利用率较分散经营、小规模经营高。目前，我国的新型工农城乡微观主体包含农业产业化龙头企业、农民专业合作社、家庭农场等经营组织。在农业企业方面，据农业农村部统计数据显示，截至 2018 年底，全国经县级以上农业产业化主管部门认定的龙头企业近 9 万家，其中省级以上重点龙头企业 1.8 万家、国家重点龙头企业 1243 家。年销售收入超过 1 亿元和 100 亿元的省级以上龙头企业分别为 8000 家和 70 家，龙头企业数量仍然偏少。在合作组织方面，农业合作组织由于运行较为灵活，进入和退出便利，能够适应我国农户数量多但是分散的现状，成长较为迅速。截至 2018 年底，全国依法登记的农民合作社达 217.3 万家，合作社的资产、营收已经达到相当规模。在家庭农场方面， 截至 2019 年底，进入到农业农村部门家庭农场名录的全国家庭农场数量超过 70 万家。在统筹工农城乡的过程中，新型的微观主体不仅发挥了农产品供给的功能，同时也为农业现代化的发展提供有效支撑，通过在主体内部实现城乡地域的联系和工农产业的联动，奠定新型工农城乡关系构建的微观基础，其具体作用包含以下两个方面。

(1)新型工农城乡微观主体发展有利于突破城乡地域单元的分割。新型微观主体的生产经营活动以商品化为目的，其产品最终面向市场，市场化导向要求微观主体以利益最大化为目标进行生产经营活动。这种导向要求主体进行规模化经营提高资源利用效率和专业化生产，从而促进乡村劳动生产率的提高，实现农村劳动力和土地在城乡间的自由流动。同时，规模经济的扩大和劳动生产率的提高加速了农民收入的提高和身份的转变，缩小了城乡间收入差距。最后，新型微观主体通过发挥资源整合能力，实现了城乡资源的双向互补流动，吸引城市资本和劳动力投入到农业生产和乡村的建设发展中。

(2)新型工农城乡微观主体发展有利于促进工农产业互补互促。新型微观主体的特点之一就是拥有一定的物质装备水平和管理能力，这就要求农业要实现与工业及服务业的协同发展，利用二三产业的技术和管理优势促进农业现代化发展。规模化的生产经营方式需要与之配套的物质装备水平，从而促进劳动生产率的提高，降低生产成本。据统计，我国家庭农场的装备水平较高，大部分农场拥有自己的拖拉机，近1/3的农场拥有联合收割机，平均每户农机价值约22.13万元。这种生产经营模式也要求现代服务业向农业和乡村地区延伸，农业科技服务、农产品物流服务、农机设备租赁、电商销售平台等现代服务业在乡村和农业生产过程中的需求日益旺盛。

2. 新型工农城乡微观主体的培育措施

(1)创新经营组织模式。一方面，新型微观主体的培育发展不仅需要内部的自我发展，还要同其他主体进行外向合作，形成协同发展模式。当前，已有的“公司+农户”“公司+合作社+农户”的合作模式，促进了乡村和农业的规模化生产。但这种模式由于风险分担机制不完善，导致农户成为风险的主要承担者；另一方面，农户又处于弱势地位，缺乏话语权，农户在这种经营模式中的收益不能完全体现其劳动价值。并且，农户和公司及合作社之间的链接相对松散，规模经济效应并未充分发挥。因此，亟待创新经营组织模式，不断完善新型经营主体合作模式，构建风险分担和利益共享的协调机制，实现多方主体的合作共赢。

首先，构建农业产业化联合体。农业产业化联合体是以农业产业链为依托，按照优势互补、分工协作和合作共赢原则，由龙头企业、合作社、家庭农场及其他利益相关者组成的集生产、加工、服务于一体的产业化经营组织联盟。相对一般性的“公司+农户”“公司+合作社+农户”等传统纵向一体化经营组织形式，农业产业化联合体是基于分工协作的新型微观主体联盟，通过发挥利益纽带的作用，将小农户、合作社及农业公司整合起来，在政府的调控作用下，构筑规模经济的组织架构。农业企业负责市场的拓展和市场信息反馈，家庭农户负责农业生产，合作社发挥组织小农户的链接作用和服务功能，通过鼓励制定共同章程，增强责任意识，形成各类主体的合力。其次，鼓励企业跨城乡和产业部门联合与重组。企业通过在城乡和部门间的重组，基于最大化利润导向，在城乡两个地域单元跨区域布局，将多个产业部门纳入统一组织内，实现产业的互补互促。在企业组织内部进行空间布局和产业选择能够有效规避区际“扼制”问题，同时这种方式能够降低由于信息不对称带来的效益损失，减少契约签订和监督执行的成本费用。企业的联合与重组将城乡空间布局和工农业联动置于企业战略安排下，将分立和对立的城乡和工农利益内部化，从而形成工农城乡利益共享、相互关联的新格局。

(2)完善微观主体间的利益分享机制。在新型微观主体中，农户因为规模小、数量多，在同其他主体合作过程中，其话语权较弱，从而导致其在利益分配过程中处于劣势地位，承担过多风险。新型主体利益分享机制应在重点保护农户利益的基础上，通过利益机制连接各类主体，激发主体的内在动力，共同参与生产经营活动。尝试针对农户专门设立扶持基金，增强其抗风险和发展能力，将农户参与成效纳入农业财政支出项目审批和考核，让农户享受政策红利。通过税收和财政扶持鼓励龙头企业同其他微观主体合作，同时规范企业行为，防止企业在合作过程中侵害农户利益。

(3)完善金融和保险服务。新型微观主体不同于传统分散的小规模组织，其对资金的需求量大，承担的市场风险更高，需要金融和保险服务支撑其成长壮大。在金融方面，针对目前农业经济活动贷款难的问题创新金融衍生工具，尝试林权、房屋、大型农具等多种权属抵押贷款，探索生产订单和农业保单融资，在强化市场规制的基础上结合传统金融和互联网金融，增强对新型微观主体的信贷支持。在保险方面，针对农业风险高的特点，加大对农业市场的投保力度，鼓励和培育涉及农业生产经营的保险机构，提高农户参保率，探索农民互助合作保险模式，推动实施农业再保险机制，分散农业风险，保障微观主体的切身利益。

7.3 完善统筹工农城乡关系的政府调控体系

城乡和工农之间的差异是经济规律客观作用的结果。统筹构建新型工农城乡关系需要在发挥市场对资源配置决定性作用的前提下，更好地发挥政府宏观调控体系的政策引导作用，完善政府调控的顶层设计和管理体系，弥补市场失灵与市场缺陷的同时，规避政府失灵。

7.3.1 制定产业互动空间共融的一体化发展规划

当前我国工农城乡间内部差异巨大，在工农上体现为二三产业的繁荣和第一产业的相对衰弱，在城乡上体现为基础设施、教育水平和社会福利的差异。乡村是城市的腹地，第一产业是二三产业的基础，当工农城乡的差异扩大到一定程度，滞后发展的乡村和第一产业将阻碍城市和二三产业的发展。在工农城乡差距逐步拉大的基础上，有必要通过系统的制度性安排缩小城乡差距，推进工农互促互进，制定可操作的一体化的系统规划，将工农和城乡问题纳入统一的框架。

1. 一体化规划的内涵与作用

一体化规划是突破地域和行政职能的分割，在城乡全域空间对经济、产业、环境和公共服务等多项内容进行整体统筹的部署，对城市和乡村的各项事业进行统一规划、统筹考虑。从更加广义的层面上讲，一体化规划是指对人口、资源与环境存在功能、结构等差异的区域整体发展的部署(赵英丽，2006)。加强一体化规划研究、编制和实施，是加强顶层设计的重要方式，通过管全局、管长远的制度设计，实现工农城乡发展的协同性、关联性和整体性，让统筹工农城乡的系列政策和制度安排有效落地生根。

一体化规划是统筹工农城乡关系的顶层设计，具有引导性、规范性和规制性，强调通过长远的制度性安排，将基础设施、产业发展、市场体系、劳动就业、生态环境、社会事业等重要内容在产业空间和地域空间上协调布局，实现工农互促、城乡融合的新发展格局。

(1)一体化规划构建了一个完整的制度框架。无论是城市规划还是产业规划，都具有特定的规划范围和特定的规划对象，针对性和聚焦性强，这也导致了该类规划的全局视野和统筹布局考量欠缺，致使规划的协同能力弱，导致规划间衔接配套出现矛盾。同时，受制于特定对象和空间范围的制约，突出规划内容效益最大化为目标，忽视了其他地区和对象的协调发展问题。这也是导致我国工农城乡发展差距扩大的重要因素之一。而工农城乡的一体化规划以所在行政单元的全域为规划范围，将产业空间和地域空间统筹考虑，以实现全域和全产业的效益最大化为目标，将工农城乡问题纳入完整的制度框架下，通过合理的资源配置方式和制度安排，实现工农城乡关系的统筹构建。

(2)一体化规划能够破除工农城乡间的藩篱。现行制度体系下，我国的规划体系决定着资源配置的空间和范围，是推进社会经济全面发展、进行区域利益协调和发展方式转变的重要手段。一体化规划意味着突破由于行政职能和管理范围限制带来的工农城乡的藩篱，通过拆除有形和无形的壁垒，提高要素和资本的流动性，拓展工农城乡之间的发展渠道，这既有利于农业农村自身的发展，也为城市和二三产业支持和反哺农业农村提供了机会(秦中春，2016)。

2. 实施一体化规划的主要任务

(1)强化城市对乡村的辐射带动作用。乡村的发展离不开城市的带动作用，一体化规划应当发挥城市或城市群对县、村的带动作用。城市群和区域中心城市对促进城乡一体化发展的影响将随着交通系统的完善继续加深。为了更好地发挥城市群和区域中心城市在城乡一体化发展中的主导和带动作用，应把推进体制机制改革和政策创新结合起来，注重加强交通网络系统建设。

(2)推进公共服务和基础设施均等化水平。城乡之间的物质空间的差异主要体现在基础设施以及伴随而来的公共服务的差距。通过一体化规划统筹城乡的基础设施网络，将道路、通信、管道、医院、学校等设施延伸到乡村地域，从而实现城乡基本公共服务的均等化。鼓励政府将公共服务资源配置的重点区域放在对于吸纳乡村劳动力和促进工农产业融合的城镇，促进公共服务城乡并轨一体推进。

(3)重塑乡村空间功能布局。将分散缺乏管理的乡村企业向县城、重点乡镇和产业园区集中，实施统一集中管理，降低乡村企业对于环境的不利影响。同时结合乡村振兴的推进，实施乡村规划，统筹城乡生产空间、生活空间和生态空间(姜长云，2018)。

3. 一体化规划构建的重要措施

(1)实施全域整体规划。传统规划由于部门管辖范围、控制力和执法力的限制，往往仅针对某一区域(如建成区)进行规划，具有强烈的空间范畴。这种对空间绝对分离的规划形式，忽视了空间之间的联系，不利于区际合作与联动发展。全域整体规划要从时间和空间上突破现有城乡规划分割的格局，遵循城乡发展的客观规律，依据城乡发展不同阶段的不同需求来规划，在可持续发展背景下按照城乡一体化的要求建立跨行政区的城乡规划(颜如春，2012)。同时，要重点突出县域作为经济区域基本单元，具有链接城乡的重要纽带作用。以县域为单位编制覆盖全域、城乡一体的规划，对城乡经济和社会发展、土地空间利用、城乡功能格局和产业分布进行统筹安排、综合协调和指导管理。统筹县域经济中心镇—边缘镇—新村(新农村综合体)三级城乡体系布局，推进县域经济、政治、文化、社会、生态建设一体化。

(2)整合多类空间与产业发展要素。一体化规划突出城乡统筹理念和“多规合一”的做法，力求在城镇用地增长边界、用地空间布局、用地分类、空间数据等方面做到协调一致，具有统筹城乡发展中人口、用地、产业、空间、生态、基础设施、公共服务等一系列要素，解决工农城乡发展中矛盾的作用(雒海潮和刘荣增，2014)。

(3)更加重视乡村规划。首先，城乡一体化规划应更多从区域层面出发，以县域整体单元为基准，合理划分村庄，制定县域内村庄体系规划，确定区域层面的村庄发展目标和空间布局结构，形成村庄规划指导体系。其次，城乡一体化规划应以农村各项基础设施建设合理布局为基础。按照依级配置的基本原则，确定不同村庄配置设施的类型和标准；根据当地情况共享各个村庄基础设施，实现资源被更加合理地利用(雒海潮和刘荣增，2014)。

7.3.2　完善城乡共治工农协调的行政管理体系

完善城市共治工农协调的行政管理体系，必须深化行政体制改革，科学界定政府职能，形成统筹工农城乡发展的政府职能架构，重塑行政体制，建立适应工农互惠、城乡一体发展的行政管理体制。

1. 行政管理职能的内涵与作用

行政管理职能也称行政功能、公共行政职能或政府职能，即国家的行政机关依法对国家社会生活的各个领域进行管理所具有的职责和作用。实现工农城乡关系的协调发展不仅需要发挥市场对资源配置的决定性作用，更需要政府在市场失灵领域更好地发挥宏观调控作用。我国现阶段工农城乡发展失衡的事实表明，我国政府行政管理职能亟待优化，一些地方政府在推进工农城乡协调发展中的职责不清、政出多门、行政效率低下等问题，已成为统筹工农城乡发展的行政障碍。

(1)更加重视工农城乡发展中的非经济问题。当前经济管理领域的改革仍是地方政府的重点领域，而社会管理与公共服务职能发挥往往不够。目前存在的问题主要集中在一些地区城乡社会事业发展不均衡、公共产品与服务供给不公平、城乡社会保障体系不协调、失地农民再就业空间不足等方面。完善行政管理职能，要求解决落后地区和过剩产能等问题，破除唯经济增长的目标导向，更加重视社会、公平等全面发展问题，将工农城乡的协调发展作为经济、社会、自然等多维系统耦合协调的目标。

(2)有助于提高政府的行政管理效率。尽管地方政府已经整合了部门职能，但仍然存在一些问题尚待解决，市、县(区)、乡镇功能界定不清晰；部门职能交叉、职权不清；决策权、规划权和监管权的上移和集中不够，服务和监管重心的下移不够等。例如，城乡规划建设与管理体制之间没有协调一致，存在各部门间多头管理、多头建设和职能重叠等问题。不同行政等级城乡户籍与人力资源市场管理体制不统一(姜晓萍，2008)。完善行政管理职能将促使形成职责明确、分工合理、机构精简、权责一致的组织体系，避免出现政出多门、多头管理的现象，同时强化职能部门之间的有效衔接，共同促进工农城乡关系的互惠融合。

2. 完善行政管理体系的措施

(1)科学定位政府职能。政府职能转型是明确国家治理体系中中央政府、地方政府的职能划分和分配，在政府间形成合理分工、使命共担的结构体系(陈修颖和汤放华，2014)。

城乡和工农分别隶属于不同的职能部门，在行政管理体系上存在条块分割、衔接不畅的问题，在构建新型工农城乡关系过程中，需要科学界定政府职能，形成不同部门和不同级政府之间的协调互助。将决策、规划、调控的权限向上级政府部门归集，实施统一部署安排，将公共服务和社会管理等职能下移，提高地方自主权。同时，不同层级政府职能定位应当有所差别。在市级政府部门行政管理工作实施过程中，应当积极把“决策、规划、监督”定位为自身核心职能，摆脱传统“城乡分治”管理理念的束缚，搭建城乡衔接体系，营造良好的一体化城乡发展环境。在区县政府部门职能发挥过程中，行政管理工作应当加强社会公共服务供给、强化市场运营监管，加强与上级政府部门的衔接配合，增强政府监管能力，提高政务服务质量。在乡镇政府部门职能发挥过程中，应加大公共服务，强化社会治理，弱化经济建设职能，增强公共服务供给能力。另外，在政府职能定位过程中，亦应注重鼓励市级、县区、乡镇政府部门分别履行经济调节、市场监管、社会管理等差异化职能，统筹考量工农城乡关系，合理配置土地、财税、投资等资源，搭建一套完整的公共事件应急体系，缓解工农城乡发展不平衡与“长短腿”弊病，形成高质量协调发展格局。

(2)优化组织结构。在推进新型城乡工农关系建设的过程中，要形成适应城乡工农协调发展的“大部制”①，探索建立大农业、大交通、大企业、大文化等大部门管理体制，逐步实现小政府、大服务的目标。建立统筹工农城乡高质量发展的综合职能部门，开展工农城乡互惠融合发展工作，管理监督各项政策的精准落实。

(3)加快推进县级与乡级的管理体制改革。针对基层过度追求上下对接而形成的臃肿机构，要通过合并职能调整机构，从而提高基层政府职能效能。扩大县域行政职能，强化县域经济辐射，在县级层面形成工农城乡统一规划、产业互补、管理一体的行政体系。进一步推进乡镇综合改革，对于功能弱化的机构逐步压缩合并，形成统一集中的管理体制。推进乡镇政府购买社会服务职能的提升，将非乡镇必要职能分离，通过甄选社会机构，引入竞争机制，提高基层效率，防止人浮于事的现象，从而降低行政成本(姜晓萍，2008)。

①大部制即为大部门体制，是指根据政府的综合管理职能将政府部门结合起来以促进政府事务综合管理的政府组织体系。大部制的特点是将权力主要集中在一个综合部门，由综合部门制定统筹工农城乡发展的规划和相关政策，进而有效避免行政多头管理现象发生，提高行政效率，降低行政成本。

第八章　新型工农城乡关系统筹构建的区域实现

区域空间由于自然资源禀赋的空间差异和社会经济条件的不同，总是处处、时时存在多元差异，经济要素基于区位指向性的作用，总是努力向优势区位聚集，区域异质性成为现实中普遍、常态的区域现象。我国地域辽阔，区域的空间分异性极大，不同区域空间呈现出多种社会经济条件和自然资源条件的组合，基于此形成的工农城乡关系差异明显。因此，新型工农城乡关系统筹构建必须基于区域空间分异性，提出差异化的路径措施。

本章从新型工农城乡关系的空间分异性出发，基于资源禀赋、产业基础和工业化城镇化发展阶段，选择长三角地区、成都平原地区、秦巴山区作为工农城乡统筹协调发展融合示范区、一体推进区和二元突出区的典型代表，分析上述地区新型工农城乡关系的现状和成因，并提出了新型工农城乡关系统筹构建的策略与路径。

8.1　新型工农城乡关系的空间分异性

8.1.1　自然资源禀赋和经济社会条件的空间差异性

区域作为自然空间，承载着空间内的所有自然资源。自然资源包含的原材料、燃料等能够为人类提供生存、发展和享受的重要物质基础。这些自然资源主要包括土地资源、水资源、矿产资源等，不同的资源在空间的非均衡分布，形成了区域空间差异性的先天因素。

1. 自然资源禀赋空间差异性

(1) 我国水资源南北分布不均。水作为人类生产生活的重要资源，水资源的总量和空间分布影响着一个地区所能够承载的人口数量和人口的空间分布，尤其是在我国干旱半干旱地区，人口集聚地多位于水资源丰富的地方。2020 年我国水资源总量为 3.2 万亿立方米，总量丰富，但人均资源量少，且在空间分布上存在明显的南北空间分异，南方 4 区（长江区（含太湖流域）、东南诸河区、珠江区、西南诸河区）拥有全国 79%的水资源量；而北方 6 区（松花江区、辽河区、海河区、黄河区、淮河区、西北诸河区）水资源量仅占全国的 21%（表 8-1）。

(2) 土地资源东西分布不均。土地资源是人类活动的空间场所，也是人类生存的基本资料和劳动对象，既是城市和乡村的空间载体，同时也为农、林、牧业等农业活动提供生产资料。我国土地资源受制于地形和气候的影响，空间分异极为明显，耕地、林地、牧地、水域、城镇居民用地等较易利用土地主要分布在东北、华北和长江中下游平原地区，而在西北和青藏高原地区集中了冰川和永久积雪、石山、高寒荒漠、戈壁沙漠等难利用土地（表 8-2）。

表 8-1　2020 年各水资源一级区水资源量

水资源一级区	降水量/mm	地表水资源量/亿 m³	地下水资源量/亿 m³	地下水与地表水资源不重复量/亿 m³	水资源总量/亿 m³
全国	706.5	30407.0	8553.5	1198.2	31605.2
北方 6 区	373.1	5594.0	2820.1	1051.0	6645.0
南方 4 区	1297.0	24813.0	5733.4	147.2	24960.2
松花江区	649.4	1950.5	647.3	302.6	2253.1
辽河区	589.4	470.3	200.0	94.7	565.0
海河区	552.4	121.5	238.5	161.6	283.1
黄河区	507.3	796.2	451.6	121.2	917.4
淮河区	1060.9	1042.5	463.1	261.2	1303.6
长江区	1282.0	12741.7	2823.0	121.2	12862.9
其中：太湖流域	1543.4	292.3	54.5	20.8	313.1
东南诸河区	1582.3	1665.1	429.4	12.1	1677.3
珠江区	1540.5	4655.2	1068.7	13.8	4669.0
西南诸河区	1091.9	5751.1	1412.4	0.0	5751.1
西北诸河区	159.6	1213.1	819.6	109.7	1322.8

注：西北诸河区计算面积占北方 6 区的 55.5%，长江区计算面积占南方 4 区的 52.2%。

数据来源：《2020 年中国水资源公报》。

表 8-2　2017 年分地区耕地面积

地区	耕地面积/千公顷	占比/%	地区	耕地面积/千公顷	占比/%
北京	213.7	0.2	河南	8112.3	6.0
天津	436.8	0.3	湖北	5235.9	3.9
河北	6518.9	4.8	湖南	4151.0	3.1
上海	191.6	0.1	广西	4387.5	3.3
江苏	4573.3	3.4	内蒙古	9270.8	6.9
浙江	1977.0	1.5	重庆	2369.8	1.8
福建	1336.9	1.0	四川	6725.2	5.0
山东	7589.8	5.6	贵州	4518.8	3.4
广东	2599.7	1.9	云南	6213.3	4.6
海南	722.4	0.5	西藏	444.0	0.3
辽宁	4971.6	3.7	陕西	3982.9	3.0
吉林	6986.7	5.2	甘肃	5377.0	4.0
黑龙江	15845.7	11.7	青海	590.1	0.4
山西	4056.3	3.0	宁夏	1289.9	1.0
安徽	5866.8	4.3	新疆	5239.6	3.9
江西	3086.0	2.3	地区合计	134881.2	100

数据来源：《2020 年中国统计年鉴》。

(3)矿产资源方面，中国目前已发现矿产171种，已探明有储量的矿产159种，其中能源矿产8种，金属矿产54种，非金属矿产90种，水气矿产3种。矿产资源类型多样，我国各地区均有一定类型的矿产资源分布，其整体空间分异性较弱，但个体矿产资源空间分布差异明显，如煤炭、石油、天然气等能源矿产主要分布在北方(西北、华北和东北)，而有色金属主要分布在南方(江南、华南、西南)。

2. 社会经济条件的空间差异性

区域作为经济空间，是一定经济社会活动的地域载体。不同区域由于自然资源禀赋差异和发展机遇不同，随着人口的不断聚集、经济社会联系的不断加强和经济结构的不断演进，导致经济社会活动密度在地域空间上的疏密差别，形成经济活动密度、强度、规模和层次差别明显的密集空间和稀疏空间。与此同时，不同经济主体基于对自身利益最大化的追逐，不断强化着地域空间差异性，是区域空间差异性的后天因素。社会经济条件包含一个地区的经济水平、交通基础设施、人口和发展政策等多个方面，其中经济水平是核心因素，是其他因素综合作用的结果，同交通和人口等条件呈现高度相关性。

(1)经济发展水平方面，我国经济发展水平总体呈现出东、中、西的空间分异，东部由于率先实现开放发展，经济发展水平处于领先地位，中部和西部受制于区位条件和发展政策明显落后于东部地区。同时，在各大区域内部，不同的省份和城市又存在局部的空间分异。

(2)交通条件方面，交通基础设施是区域进行人员、货物流通的重要工具，是对外交流的通道，包含公路、铁路、水路和航空等多种类型。交通基础设施是人类在一定地域上的构筑物，受地形和气候等自然条件的影响和社会经济活动的需要，同时又对一个区域的工业、农业、商业布局和人口分布都有影响。我国东部地形平坦，便于修建公路和铁路等设施，同时东部人类社会活动频繁，需要更加便利的交通设施来实现区际之间的交流，因此东部的交通设施密度比西部更高。

(3)在人口方面，人口不仅提供了地区经济活动的劳动力，又创造了产品的消费市场，是一个地区社会经济活动中最有活力的主体。人口对社会经济条件的变化是极为敏感的，人口的流动是社会经济条件优劣最直观的反映。例如，为了寻求更多收益，我国大量人口从西部落后地区向东部发达地区迁移，同时因为城市生态环境的恶化，部分人口向周边地区转移。就整个国土空间来看，我国人口空间分异明显。中国科学院的相关资料显示，我国的人口空间分异以胡焕庸线为界，两侧所占国土面积差距不大，然而东南侧集聚了全国93.77%的人口和95.70%的GDP，西北侧对人口等要素的集聚效应远不如东南侧，呈现出地广人稀、经济不发达的态势。

(4)发展政策方面，国家政策在宏观上会对一个区域的发展产生影响。以珠三角地区为例，改革开放后，作为对外开放前沿，国家政策向珠三角倾斜，使珠三角地区优先于其他地区吸引外资。西部大开发战略也是如此。该区域政策的实施大大推进了西部地区的发展，在基础设施建设、特色经济、优势产业的发展方面起到了很强的推动作用，同时还促进了西部地区的科技、教育、卫生及文化等方面的进步，极大地改善了人民生活水平。

8.1.2 基于资源禀赋和经济社会条件的工农城乡关系发展水平

1. 社会经济和自然资源条件分异与工农城乡关系

工农城乡关系是一定自然环境下的关系，不同的区域有着不同的自然环境及资源禀赋，因此不同地区的工农城乡关系有着不同的特征，彼此间存在着一定差距。自然环境对于工农城乡关系的影响不可小觑，后者是在前者的基础上经由一定的经济活动塑造的、直接受到人类活动的密度和强度影响的社会关系。差异化的区域空间形成了各种自然和社会经济条件的组合，城市、乡村和工业、农业根据其发展所需的条件在区域空间中进行布局，并形成了具有差异性的工农城乡关系。

城市和乡村各自发展重点不同，城市重点发展非农产业，经济要素密集、经济活动强度高、经济效率高；乡村重点发展大农业，经济要素稀疏、经济活动强度小、经济效率低。这一个完整的空间单元包含城市和乡村两个部分，城乡两个部分各自发展到一定水平，并在该水平上城市和乡村经济社会活动之间的引力和斥力达到均衡，并且此均衡总有一个最佳状态，表现为最佳均衡值。高于和低于该最佳均衡值，工农城乡之间都存在某种不协调性，偏离越大，不协调性越明显。

各地区因为经济中心(城市)的发展规模、发展层次和发展程度差异，城市发展水平明显不同，工农城乡关系处于不同层次，城市对乡村的带动能力也表现出明显差异。如果将自然资源条件和社会经济条件按照等级划分为优良、一般、较差 3 个等级，那么其中两者的不同组合将有 9 种类型，但在现实社会发展过程中，自然资源条件较好的地区基于区位、地形和资源禀赋的优势，使要素聚集在该地区从而促使了社会经济条件的发展。因此，比较符合现实的组合情况为社会经济条件优良、自然资源条件优良，社会经济条件一般、自然资源条件优良，社会经济条件较差、自然资源条件较差 3 种类型(表 8-3)。

表 8-3 社会经济和自然资源条件分异与工农城乡关系

社会经济条件	自然资源条件	工农城乡关系	代表区域
优良	优良	高度协调	东部发达区域，如长三角、珠三角等
优良	一般	—	—
优良	较差	—	—
一般	优良	中度协调	中部欠发达地区，如长江中游城市群
一般	一般	—	—
一般	较差	—	—
较差	优良	—	—
较差	一般	—	—
较差	较差	严重失调	西部落后地区，如秦巴山区

受我国区域经济发展格局的影响，工农城乡关系也呈现出明显的空间分异性，呈现出工农城乡关系自东向西逐渐失调的变化态势(表 8-4)。

表 8-4 2019 年我国各省区城镇化率情况

地区	城镇化率/%	地区	城镇化率/%
上海	88.30	海南	59.23
北京	86.60	吉林	58.27
天津	83.48	河北	57.62
广东	71.40	江西	57.42
江苏	70.61	湖南	57.22
浙江	70.00	安徽	55.81
辽宁	68.11	青海	55.52
重庆	66.80	四川	53.79
福建	66.50	河南	53.21
内蒙古	63.37	新疆	51.87
山东	61.51	广西	51.09
湖北	61.00	贵州	49.02
黑龙江	60.90	云南	48.91
宁夏	59.86	甘肃	48.49
山西	59.55	西藏	31.54
陕西	59.43	全国	60.60

数据来源：《中国统计年鉴 2020》。

2. 基于资源禀赋差异和经济社会发育水平的工农城乡关系类型

依据前述各地资源禀赋差异和经济社会发展水平，可以归纳出新型工农城乡关系发展状态的 3 个典型类型。

第一类为融合示范区。经济社会发达的地区，拥有优越的自然条件、完善的城镇体系、较高的城市化水平、发达的交通、便捷的城乡联系。在发达地区的农村，农业生产条件优越，农业基础较好；同时，城市大工业在扩散过程中推动了周边农村地区向小城镇转变。农村的传统经济结构受到工业的冲击发生变化，同时农业劳动力开始大量离开土地，向非农业部门转移，农业从业人员成为产业工人。这个过程潜移默化地改变了农民的生活方式和思想观念，加强了城乡之间的联系，使得城乡之间的联系从单一的经济领域扩大到人文、社会等其他方面。

第二类为一体推进区。在社会经济欠发达地区，社会经济发展水平不高，城市有一定发展但并不充分，只有较少的大中城市，城镇化水平较低。在农业基础方面，由于有着优越的自然条件，基础较好，农业进行现代化改造的潜力很大，农业生产力的提高有利弥补城市发展不足这一缺陷，工农城乡关系处于中等水平。

第三类为二元突出区。在自然条件和社会经济条件落后的地区城市发展不足，城市的辐射作用较小，且农村受制于生态环境脆弱等因素，缺乏对城市文明的吸收能力，加之交通落后，城乡之间的连接通道不畅，城市和乡村联系薄弱，工农城乡关系失调。例如，我国部分西部工矿业城市作为国家重点投资带动区，是由外部力量支撑带动发展的，不是基于内生力量自我强化的，因而在城乡空间资源配置特点上就表现为分散布局和配套能力相对较差；城市内生增长相对乏力，空间拓展能力整体趋弱。中心城市辐射带动能力较弱直接导致城乡经济联系的弱化，再叠加上脆弱的生态环境与相对落后的生产力，工农城乡关系逐渐变得失调。

8.2 融合示范区：融合创新

8.2.1 融合示范区的基本特征

1. 产业联动与空间协调有序推进

城乡具备地域空间属性，城乡的产业分工引致相应的城乡空间功能分区。随着城乡专业化分工的深化，在自我强化的循环累积因果效应下，城乡的专业化产业部门不断扩展，具有相关性和支持性的新产业部门也随着城乡自组织过程在各自空间就近产生。城乡产业链在城乡之间进行横向或纵向的分工。由于产业链具有空间集聚效应，产业链低端具有空间扩散效应，纵向分工形成城乡之间经济发展水平梯度分布、经济活动密度不同的“中心－外围”结构，横向分工使得城市和乡村具备不同类型的产业链条集聚的比较优势，城市和乡村之间形成分别集聚不同类型产业链条的产业分工格局(龚勤林，2013)。融合示范区内的产业链不仅具有这样的空间属性，且产业链条与空间布局在不断地得到优化，彼此协调推进，实现城乡之间产业的联动。在乡村地区，现代化农业和服务业蓬勃发展，信息流、资金流和技术在城乡之间的联通逐步顺畅，市场能够有效引导现代农业发展，乡村地区同时也能很好地为市场提供相应的产品，即产业的联动。而城乡产业间的分工又是明确的，在空间上不断优化。特别是经济发展水平相对较高的地区，其城郊布局了大量园区以及乡村工业，使得乡村能够达到配套城市相关产业的条件，大大提高了工农城乡关系的融合程度。一些乡村转型升级得以加速，完成了从大棚经济发展到厂房经济的过程。乡村借势互动，新兴产业与乡村农业实现了良好的协作互动关系。

2. 新型工业化与农业现代化互促发展

实现农业现代化的前提是机械化和规模化，在经济发展水平较高和农业耕种条件较好的地区，率先实现机械化和规模化，以产业化经营为引导和依托，进而实现农业现代化发展。同时，社会资本参与到农业现代化建设事业中，形成完整的产业链条。农产品加工方面，有一批农业龙头企业，引导农民走向市场。为了实现农业的现代化，需要在机械化和规模化的条件下进一步引导农业与工业相适应。农业的现代化能够为工业化成果扩展适用范围，让工业化更好地发挥推动农业现代化发展的功能和作用(江省身，2017)。融合示范区通常具有较强的科技实力和产学研的对接渠道，储备有一定农业科技人才。在这个条件下，政府通过政策扶持相关科研机构，支持和鼓励农业科技人才以及科研机构因地制宜地进行科学研发活动，促进当地的农业现代化发展。不断完善、健全农业的信息化网络，搭建完善的辅助体系，尤其是电子商务的辅助支持以及金融保障，帮助农民迅速把握市场需求，合理安排生产(江省身，2017)。

农业现代化与工业化之间的影响是双向的：在经济发展的初期，农业的现代化是一个社会工业化的基础；随着经济的不断发展，工业化的持续推进能够有效促进农业现代化的发展。一方面，城镇化趋势蔓延至中小城镇，大量农村富余劳动力得以转移，即加快了农业人口脱离土地，务农人员成为产业工人。另一方面，拥有多层次、多向度产业结构的大城市能够对农业进行更大强度的反哺。工业基础较好的大城市的辐射范围更广，对于周边乡镇引进工业化成果有着很好的促进作用，有利于周边乡镇建设农产品加工示范园区，促进农产品的专业化、规模化生产，用工业化助推农业现代化。

3. 城乡经济社会融合发展趋势显著

农村的生产生活条件不断改善，并推动城乡规划、基础设施、公共服务等一体化。在体制创新上，完善城乡发展一体化体制机制，促进城乡要素平等交换和公共资源均衡配置，促进基本公共服务均等化并建立公共资源出让收益合理共享机制。在具有良好农业条件的乡村，大力发展种植业、农副产品加工业以及乡村旅游。通过鼓励本地创业、延伸农业的产业链条，使农民收入多样化，进一步与城市相融合。

8.2.2 融合示范区的典型代表——长三角地区

1. 长三角地区区域经济发展概况

长三角地区位于长江下游，滨江临海，气候温和，地形以平原为主。如图 8-1 所示，长三角地区是我国经济发展水平最高、经济最具活力、创新能力最强的区域之一，包括上海市、江苏省和浙江省[①]。区域面积 21.76 万平方公里，2019 年常住人口约 1.63 亿元，地区国内生产总值为 200138.58 亿元，人均 GDP 超过 1.8 万美元，达到中等收入国家和地区水平；农村常住居民人均可支配收入超过 28000 元，城乡收入差距较小。该地区城镇化率超过 75%，其中上海市的城镇化率接近 90%。2019 年，上海、江苏、浙江的三次产业占比依次为 0.3%∶27.0%∶72.7%、4.3%∶44.4%∶51.3%和 3.4%∶42.6%∶54.0%(图 8-2)。长三角地区拥有完备的产业体系，特别是制造业生产的专业化、规模化水平较高，金融、互联网等产业优势明显。同时，在科教与创新方面优势突出，长三角地区高校数量众多，且有复旦大学、南京大学等 7 所高校进入世界一流大学建设名单，自然科学研究所和国家重点实验室等创新平台上百家，人力资源在质和量上都在全国名列前茅(国家发展和改革委员会，2016)。在国际化方面，长三角地区国际联系多，强度高。以中国(上海)自由贸易试验区为例，近年来，上海自贸试验区在开展国际贸易、对外交流等方面发挥了重要作用。长三角地区拥有便利的交通条件，现代化江海港口群和机场群、高速公路网比较健全，公共交通干线密度全国领先，目前已基本建立起立体综合交通网络(易伟忠，2017)。

①本书长三角地区相关数据截至 2019 年，因此采用两省一市(非最新的三省一市)的数据。

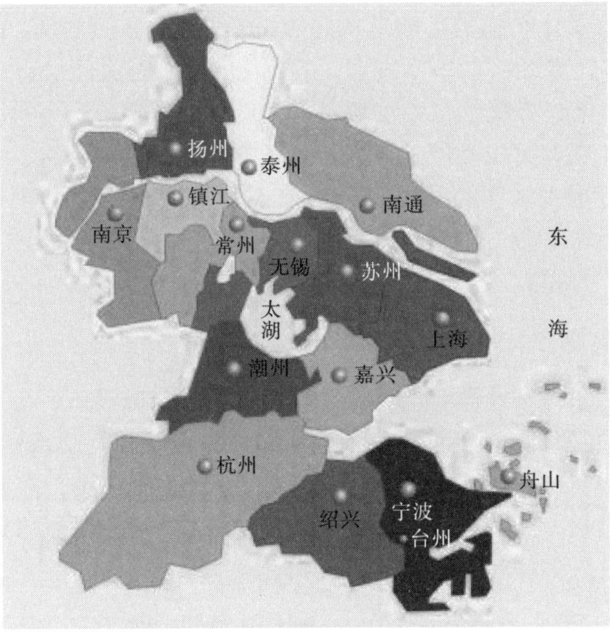

图 8-1　长三角核心区城市示意图

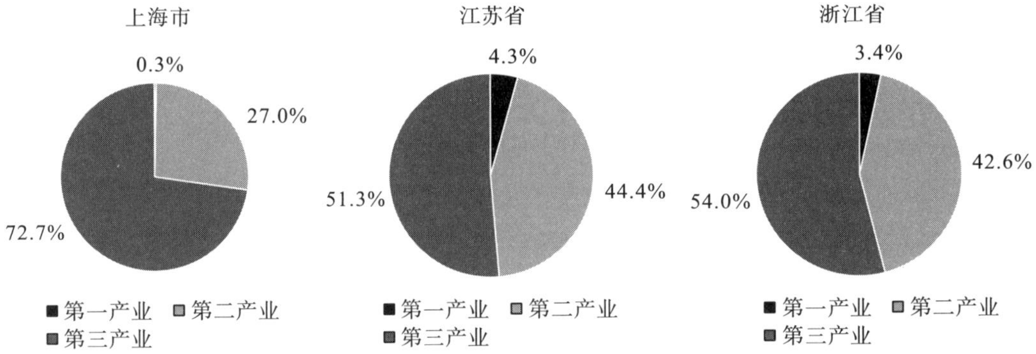

图 8-2　长三角两省一市三次产业结构占比

2. 长三角地区工农城乡关系现状剖析

改革开放之后，江浙一带的乡镇企业异军突起，使得乡村出现“村村点火、户户冒烟”的格局。在之后的市场经济的冲击和政府宏观调控下，乡镇企业开始进行股份化改造，民营经济快速发展，掀起了开发区建设的热潮。同时交通等基础设施升级使城乡之间的联系更加密切，城镇化和城乡发展一体化取得长足进步①。根据第三章对工农系统和城乡系统的耦合度的测算，2016 年，上海、江苏、浙江的耦合度分别为 0.4836、0.5334 和 0.5051，远高于全国平均水平 0.4129(图 8-3)，工农城乡协调度较高。

① 《江苏省新型城镇化与城乡发展一体化规划(2014—2020 年)》。

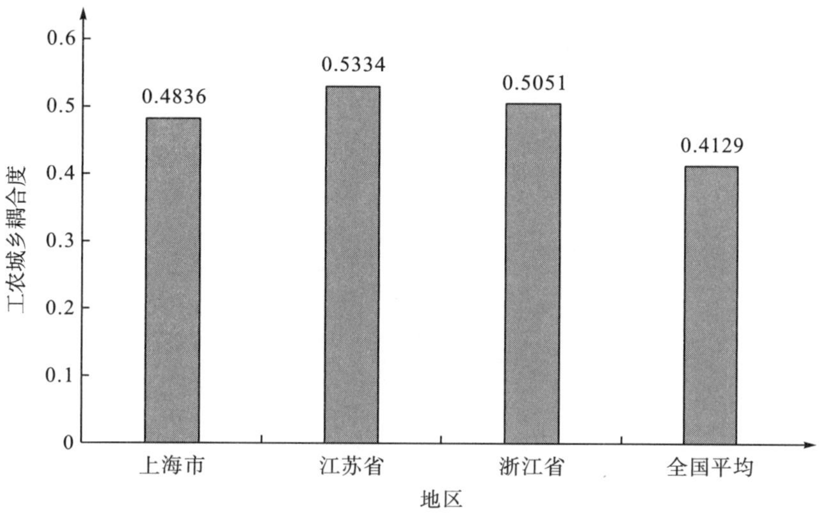

图 8-3 长三角工农城乡耦合度与全国平均水平的比较

（1）城镇化与工业化互动并进。长三角地区不仅是城镇化率最高的地区之一，也是我国的先进制造业中心，工业化水平位于全国前列。三次产业结构中，第一产业占比低于 4%，第三产业占比超过 50%，江苏和浙江已迈入工业化后期后半段，而上海已进入后工业化阶段①。国家级技术经济开发区（包括高新技术产业开发区）共 61 家，即长三角地区以全国 2%的土地，拥有了全国 15%的国家级经济开发区。

（2）农村基础设施和公共服务不断优化。农村各项设施工程持续推进，公共基础设施得到显著改善。2005～2018 年，江苏省全省新建改建农村公路约 10 万公里，省级美丽乡村建成超过 1000 个，农村综合环境治理推进迅速②。全省同步推进城乡居民养老保险，28 个统筹地区实现了城乡医保的协调，35%的涉农县（市、区）实现了城乡低保标准一体化。浙江省自 2003 年“乡村康庄工程”启动以来，浙江累计投入 2000 亿元，新改建农村公路 9 万公里。在 2011 年浙江实现了农村公路“村村通”，并于 2017 年提前 3 年实现建制村客车“村村通”。

（3）城乡居民收入差距不断缩小。长三角地区是全国城乡收入差距最小的地区。长三角“两省一市”地区 2010～2019 年城乡居民人均收入比值如图 8-4 所示。2019 年，浙江省的城乡居民人均收入比值仅为 2.01。2018 年，江苏省农村居民人均可支配收入的增长率已超过了城镇居民人均可支配收入增长率，城乡收入差距进一步缩小。

长三角地区的上海、杭州等大城市城市职能良好，城镇化发展速度快，产业和服务业发展态势良好。但三线城市及县域内部，城市功能有待完善，无法与周边腹地有充足的互动，无法充分发挥以城带乡、共同发展的功能。尤其是长三角欠发达的苏北和浙西南地区，农村的发展相对滞后，仍然存在公共基础设施较差，社会公共基础设施建设存在信息不能共享、各种交通资源的综合利用效率不高、乡村通达便利程度较低等问题，不利于整个区域的新型工农城乡关系的构建（傅兆君 等，2015）。

① 《2017 年发布工业化蓝皮书:中国工业化进程报告（1995—2015）》。
② 《江苏省新型城镇化与城乡发展一体化规划（2014—2020 年）》。

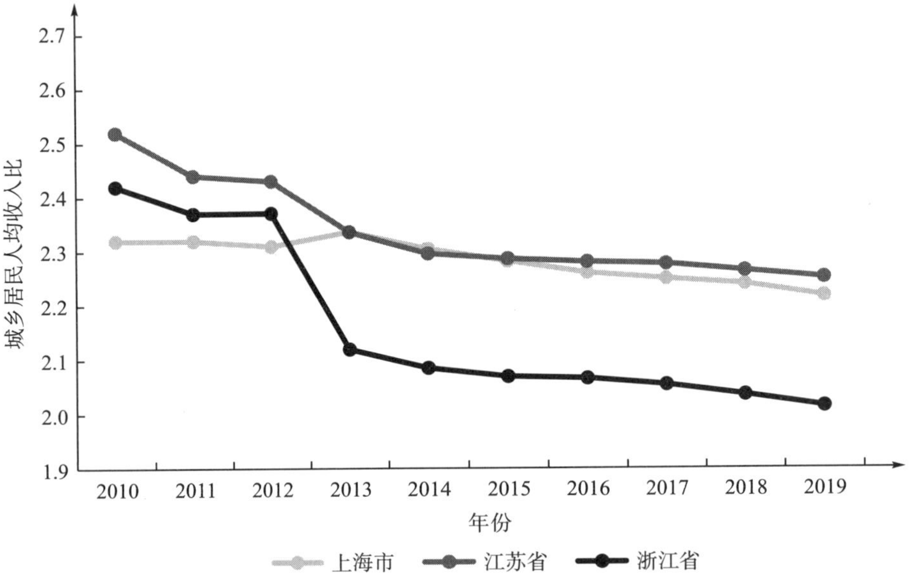

图 8-4　上海市、江苏省、浙江省 2010～2019 年城乡居民人均收入比

注：江苏省、浙江省 2010～2012 年的农村居民人均收入采用农民人均纯收入指标。

8.2.3　长三角地区新型工农城乡关系构建中存在的问题

1. 城乡生态环境有待完善

随着经济发展的深入，集聚效应导致长三角人口高度集中，而生态环境承载力有限，生态环境遭到破坏，土壤污染问题、水污染问题愈加严重，灰霾污染长期出现。粗放的生产生活方式造成能源消耗总量较大，节能减排任务繁重(江苏省人民政府，2014)。

2. 城乡公共服务的一体化水平尚待提高

长三角地区的公共服务的一体化水平居于全国前列。尽管如此，长三角地区的城乡公共服务一体化水平仍然有提升空间，欠发达的农村地区的教育、医疗、社会保障等公共服务仍相对落后。在长三角县域经济发达的苏州、嘉定等地，在地方财力的保障下，基本实现了城乡就业统筹，城乡养老、医疗并轨，城乡公共服务体系全覆盖。而在经济相对落后的苏北、浙西南地区及上海郊县，城乡公共服务的一体化程度明显偏低。

8.2.4　长三角地区新型工农城乡关系构建的策略与路径

1. 健全城乡发展一体化体制机制

长三角地区通过完善城乡发展一体化体制机制，合理规划土地使用，协调城乡要素市场建设，从而促进各种要素在城乡间平等交换、自由流动(江苏省人民政府，2014)。

要按照主体功能区的定位规范各类功能区的功能导向。优化开发区、重点开发区、限制开发区、禁止开发区要严格按照主体功能定位各有侧重地进行开发活动。优化开发区要显著提升城乡发展一体化水平，重点开发区要注重提升对农村地区的辐射带动作用，限制开发区要将农业现代化的发展作为重点，禁止开发区要严守三条红线，加强生态修复和环境保护。

要充分发挥市场在资源配置中的决定性作用，促进城乡要素自由合理流动。更好发挥政府在城乡间商品流通、市场监管、社会保障等领域的作用，建立健全相关制度机制。在建设用地、金融服务、科技推广等方面满足农村、农业、农民的需求。除此以外，鼓励并引导各种社会资源进入农村，推动城乡要素的有序、合理流动。

推进城乡“六个一体化”。持续推进城乡规划、产业发展、基础设施、公共服务、就业社保和社会管理“六个一体化”，促进城乡协调发展。

在产业发展方面，注重延伸农业产业链，增强城乡联系，推动城乡产业链的建设完善。在基础设施方面，注重城乡基础设施的共建共享、城乡互通。在公共服务、就业社保和社会管理领域，政府要注重城乡之间的均衡配置与管理。

2. 加强城乡公共服务一体化

加强长三角地区的城乡公共服务一体化，主要是积极完善体制机制，建立惠及城乡的养老和医疗保险体系。在政府财力比较雄厚的良好条件下，要积极改善农村居民的养老设施和加强养老资金支持。长三角目前处于老龄化加速阶段，未来 20 年人口规模可能呈现负增长，因此养老保险基金的保值增值就显得尤为重要。在城乡一体化发展的过程中，医疗保险制度在城乡间的协调举足轻重。现有制度未能充分尊重农民的主体地位，未能解决农村医疗水平低下、医疗基础设施落后的问题。尤其在欠发达的苏北和浙西南地区，更要加大优化力度，提升城乡公共服务一体化水平。

8.3　一体推进区：协同推进

8.3.1　一体推进区的基本特征

1. 工农城乡关系日趋一体化

一体推进区发展状况良好，以城带乡带动发展的关系逐渐转变为城乡互促共同发展的关系。在城乡资源平等公平自由交换方面，一体推进区巩固完善了农村相关制度，拓展农业农村发展的空间，逐步强化城乡各要素的自由平等交流。在产业一体化方面，一体推进区以城市产业为基础，通过城市产业结构调整带动农村产业结构调整，逐步形成城乡产业互补。在城乡互动方面，一体推进区已逐步脱离了以城带乡的关系，向着互利共赢、共生共存的关系发展。

2. 工农互促发展

一体推进区的工业和农业两部门相互联系、互促发展。一体推进区工业和农业部门的联系明显较强。区域依托城市现代工业装备乡村农业，推进农业工业化，并通过农业生产的规模化和品质化推动农村工业经济的发展。一体推进区通过农产品加工业的指引、领导作用，促进农村一二三产业融合发展，完善和创新市场组织，促进工农生产要素合理流动和优化配置。

3. 城乡经济社会日益协调

一体推进区的工农城乡关系日益协调，逐步消除了产业空间和地域空间发展相互分离的发展模式。农业与非农产业协调互助发展、资源得到优化配置，工农城乡二元结构状态得到改变，产业结构调整与地域空间优化统筹推进。工、农、城、乡四者相互支撑，共同发展。

8.3.2 一体推进区的典型代表——成都平原地区

1. 成都平原经济区发展概况

成都平原经济区包括成都、德阳、绵阳、乐山、眉山、资阳、遂宁、雅安 8 个市、65 个县(市、区)，面积达 8.7 万平方公里，占全省总面积的 17.9%，经济总量占四川省经济总量的 63%左右，总人口超过 3900 万人，占全省总人口的 47.5%。成都平原经济区是四川省经济发展最重要的引擎，经济区有着较好的发展基础，同时也面临着诸多机遇和挑战(四川省人民政府办公厅，2016)。

作为成都平原地区最为发达的市区，成都是成都平原经济区的经济中心。在成都平原 8 个市中，成都的 GDP 占成都平原经济区生产总值的 59.7%，是其他 7 个市生产总值总额的 1.48 倍(表 8-5 和表 8-6)。

在交通运输网方面，目前成都平原经济区公路网总里程达 10.4 万公里，占全省的 31.5%；高速公路建成及在建里程达 4340 公里，占区域规划里程的 89%，占全省建成和在建总里程的 44%；普通国省干线公路总里程为 10200 公里，二级及以上占比达 55%、居全省第一；公路客、货运输周转均占全省的 40%以上(2018 年数据有所出入，公路客运量占比为 36%，公路货运占比为 48%)。高速铁路营业里程为 574 公里，占全省的 76.5%。成都是全国航空第四城，并拥有两个国家级国际机场。当前，成都平原经济区交通运输围绕“一干多支”的发展格局，正在努力形成“一环七射”的铁路公交化开行格局，优化道路客运班线，配套实施一批具备公铁衔接能力的道路运输站场，形成区域一体化四通八达的换乘体系。

表 8-5　成都平原经济区主要经济指标一览表

地区	地区生产总值/亿元		一般公共预算收入/亿元		全社会固定资产投资/亿元		社会消费品零售总额/亿元	
	2017 年	2018 年	2017 年	2018 年	2017 年	2018 年	2017 年	2018 年
全省	36980.22	40678.13	3579.78	3911.01	32097.25	35371.17	17480.50	18254.50
成都	13889.39	15342.77	1275.53	1424.16	9404.24	10344.66	6403.53	6801.81
德阳	1960.55	2213.87	106.17	117.58	1311.41	1474.02	790.78	820.60
绵阳	2074.75	2303.82	110.59	124.54	1436.54	1663.51	1112.48	1149.48
乐山	1507.79	1615.09	99.22	109.92	1273.79	1449.57	705.25	667.27
眉山	1183.35	1256.02	93.16	103.20	1110.84	1251.92	486.93	496.43
雅安	602.77	646.10	34.84	40.03	461.24	511.98	248.07	242.91
资阳	1022.21	1066.53	49.77	52.85	594.13	643.44	365.65	378.98
遂宁	1138.06	1221.39	60.18	63.84	1257.63	1398.48	509.19	570.73

数据来源：四川省统计局官方网站。

表 8-6　成都平原经济区主要经济指标增长速度(%)

地区	地区生产总值		地方一般公共预算收入		固定资产投资		社会消费品零售总额	
	2017 年	2018 年	2017 年	2018 年	2017 年	2018 年	2017 年	2018 年
全省	8.1	9.1	9.5	8.5	10.2	10.2	12.0	4.2
成都	8.1	9.5	11.6	10.4	12.3	10.0	11.5	5.9
德阳	9.0	11.4	4.9	9.7	16.6	12.4	13.2	3.6
绵阳	9.1	9.9	5.0	11.2	13.1	15.8	12.5	3.2
乐山	8.2	6.6	8.9	9.7	14.8	13.8	13.0	−5.7
眉山	5.3	5.8	6.8	9.7	−4.5	12.7	11.2	1.9
雅安	8.0	6.7	9.5	13.0	−16.3	11.0	11.2	−2.1
资阳	7.8	4.2	8.7	5.8	−22.4	8.3	12.2	3.5
遂宁	8.3	6.8	13.9	5.7	11.7	11.2	12.0	10.8

数据来源：四川省统计局。

成都平原经济区以成都为发展核心，以综合交通网络为链接，经济腹地广阔。成都大都市圈充分发挥作用可以带动全省、辐射西南、具有国际影响力。依托成渝发展带能够辐射资阳、遂宁等沿线城市。依托成德绵乐发展带可以推动沿线城镇、产业、人口的集聚。国际临空经济区能够培育内陆地区对外开放新优势，打造四川新兴增长极。

2. 成都平原地区工农城乡关系现状剖析

成都平原地区位于四川盆地西部，龙泉山和龙门山—邛崃山之间，是中国西南三省最大的平原，四周群山怀抱。平原内部地形平坦，南北长约 200 千米，东西宽近 90 千米，拥有岷江、沱江两大水系，日照少，降水多，气候温和，自然资源丰富。受到地形和降水的影响，成都平原地区易爆发洪涝灾害，同时成都平原地区受附近板块运动影响，能够感受到松潘、甘孜等地的地震。成都平原地区在《全国主体功能区规划》中是国家层面的重点开发区域，是全国“两横三纵”城市化战略格局中的重要组成部分。该地区如何在自己的发展基础上充分利用已有的优势和把握机遇，是其在新型工农城乡关系的构建中不可规避的问题。

1)成都平原地区工农关系现状

成都平原地区经济发展水平较高。从区域整体来看，2018 年成都平原 8 个市生产总值达 25665.59 亿元，占四川省经济总量的 63.09%，人均 GDP 达 52254.5 元/人，地均 GDP 达 2968.05 万元/平方公里，均高于全省平均水平。其中，第一产业增加值为 1837.86 亿元，第二产业增加值为 11168.8 亿元，第三产业增加值为 12658.98 亿元，三次产业结构比值为 7.1∶43.5∶49.3，第三产业占比最高，第二产业紧随其后。然而，成都平原地区内部经济差异明显，成都市最为发达，人均 GDP 最高，为 94782 元/人，而最低的遂宁市仅为 37493 元/人，不足成都的 1/2(图 8-5)。

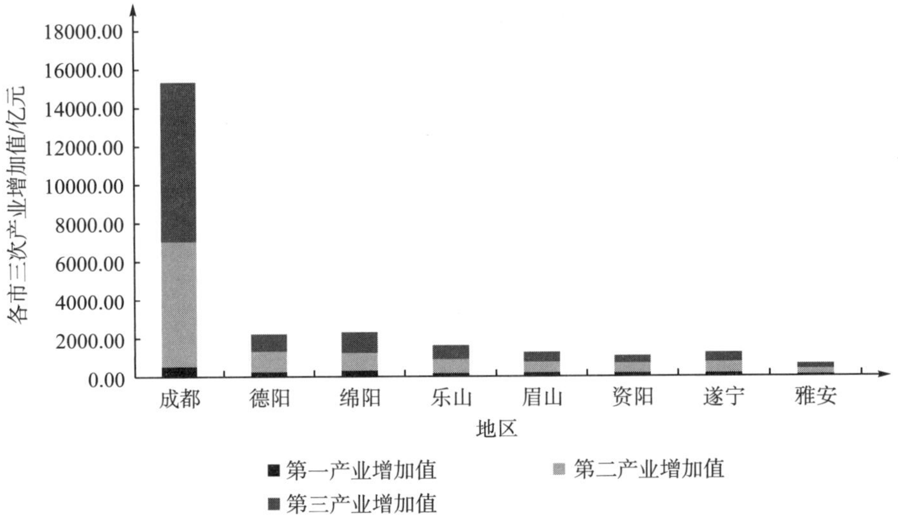

图 8-5　2018 年成都平原地区各市三次产业增加值示意图

资料来源：按照《2019 年四川省统计年鉴》整理加总所得。

成都平原地区产业结构相对合理。从区域整体来看，成都平原地区 2011 年三次产业结构为 10.45∶50.24∶39.30，到 2018 年已经达到 7.1∶43.5∶49.3，第三产业占比持续上升。在工农产业增加值方面，成都平原地区工农结构为 15∶85。成都平原地区产业体系较为完备，产业结构正在逐步优化，电子信息、装备制造、生物医药等特色优势产业不断发展壮大，文化创意、电子商务和会展经济等新兴服务业蓬勃发展，同时是西部地区重要的金融、物流、商贸中心和全国重要的旅游目的地。成都平原地区拥有国家级经济技术开发区 4 个、省级经济开发区 18 个，产业集聚规模逐步增强。从区域内部各市产业结构来看，成都的产业结构与其他地区差距明显。成都已经形成“三二一”的结构，基本达到工业化高级阶段。成都市拉动了成都平原地区的整体产业结构比例，使其处于一个较为合理的范围，然而成都平原其他地区的产业结构都还处于“二三一”的状态(表 8-7)。

表 8-7　2018 年成都平原地区产业结构一览表

地区	产业结构
成都	3.4∶42.5∶54.1
德阳	11.0∶48.4∶40.6
绵阳	13.1∶40.3∶46.6
乐山	10.3∶44.7∶45.0
眉山	14.8∶44.1∶41.0
资阳	15.6∶47.6∶36.8
遂宁	13.6∶46.3∶40.2
雅安	13.3∶46.9∶39.8
成都平原	7.0∶43.4∶49.6

资料来源：四川省 2019 年统计年鉴整理所得。

产业结构同构化较为严重。成都平原地区产业布局协调不够，各市的重点产业有一定重合，尤其表现在建筑业和制造业两个产业上。目前成都平原地区尚未出台协调统一的产业布局规划，也尚未依据资源优势和主体功能区划明确各城市产业发展的重点和方向。成都平原地区城市产业定位不稳定，部分产业发展重合，容易在部分重大项目招商引资上出现竞争，难以形成错位发展和优势互补(表 8-8)。

表 8-8　成都平原地区各市重点产业

城市	重点产业
成都	现代服务业、电子信息、机械制造、医药、化工、食品、冶金建材、休闲农业
德阳	装备制造、化工、食品
绵阳	电子信息、食品、冶金、汽车及零部件、新材料、国防科技工业
乐山	冶金建材、盐磷化工、旅游、生态农业
眉山	冶金建材、化工医药、生态农业
遂宁	电子信息、纺织、食品、化工
雅安	水电、矿业、机械、农产品加工、生态农业
资阳	机械制造含汽车、农副产品

资料来源：由各市“十三五”规划整理所得。

2) 成都平原地区城乡关系现状

(1) 城镇化水平较低，城镇化结构性矛盾明显。2018 年成都平原地区城镇化率为 59.58%，基本达到四川省平均水平但低于 60.3%的全国水平。同时表现出非常大的极差，城镇化率最高的成都市为 73.12%，而最低的资阳仅为 42.71%，区域整体城镇化进程较慢，有待提升。根据国内外的普遍经验，特大城市、大城市产业发展倾向于多样化、多层次、多领域，而中小城市产业发展具有专业化特征(王娟，2011)。特大城市、大城市凭借自身对资源、要素的集聚能力更容易得到优势产业的重点建设项目及投资。由于成都平原地区的产业同构现象，中小城市的经济专业化程度受到制约，未能充分发展特色产业，特色产业链尚未规模化。同时，小城镇第二、三产业发展相对滞后，农业人口近地转化成城镇人口造成吸纳力不足，进而造成城镇化水平偏低(图 8-6)。

(2) 城乡发展不协调。在收入差距方面，2018 年成都平原地区城镇居民人均可支配收入为 34434.88 元，而在农村，这个数据仅为 16331 元，城乡居民人均可支配收入比达 2.11∶1。从成都平原地区整体来看，地区内城镇人均可支配收入和农村人均可支配收入均超过全省平均水平。从各市区来看，市与市之间差距较大，成都的居民可支配收入高达 36729.89 元，而最低的雅安仅为 22113.41 元。同时，各市区内城乡差距显著，成都的城乡居民人均可支配收入差额为 19993 元，接近 2 万元。除了收入差距外，城乡基础设施、公共服务等方面也存在着不小的差距。

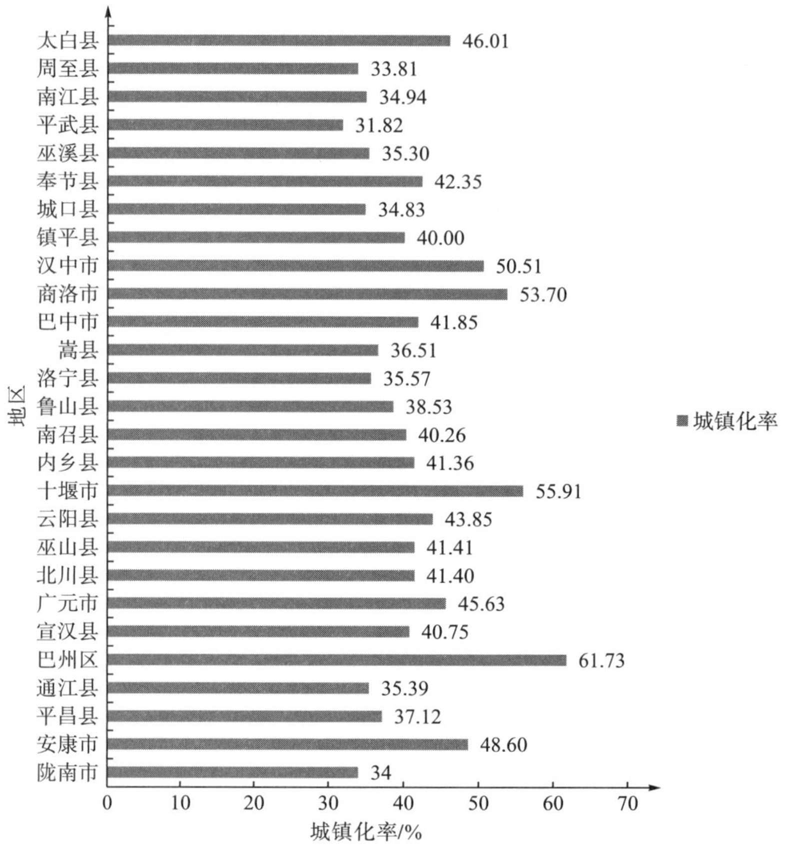

图 8-6　2018 年成都平原各市城镇化率示意图

资料来源：2019 年四川省统计年鉴。

8.3.3　成都平原地区新型工农城乡关系构建中存在的问题

1. 市场的决定性作用需要加强，城乡生产要素资源配置有待完善

成都平原地区新型工农城乡关系构建过程中，市场决定性作用不足的主要表现有：政府和市场职能未能理顺，政府干预较多，在一定程度上阻碍了市场发挥决定性作用。在新型工农城乡发展的过程中，政府在一些应该由市场起决定性作用的领域“越位”。在成都平原地区的城乡规划、产业发展等方面，政府的干预最初起到了重要的作用，带动了西部地区初期发展，积累了改革成果。但随着改革的不断深入，经济的不断发展，政府在一些应该由市场起决定性作用的领域干预过多，造成了一些经济效率低下、资源配置不合理等问题。在社会主义市场经济体制的大背景下，成都平原经济区需要对政府和市场的关系进行调整，充分尊重市场的决定性作用，用好“看不见的手”和“看得见的手”，不断推动新型工农城乡关系的完善。

2. 农民的主体作用不鲜明，农民综合发展能力提升空间较大

在新型工农城乡关系的构建中，农民是建设主体和活动的主角，在这个过程中能够发挥智慧和能动作用。成都平原地区工农城乡发展中农民主体作用不鲜明主要表现在 3 个方

面。一是农民的素质还有待提高，同时由于区域内部发展差距较大，不同地区农民素质各不相同。处于成都市辐射范围内的农民由于同城市间的互动性强，参与城市分工活动较多，受到城市的影响较大，具有较高的发展能力与素质；在雅安、遂宁等其他地区的农民，由于城市辐射能力弱，周边地区农业与城市互动性相对较低，影响了农民素质的提升。二是一些农民在新型工农城乡关系建设过程中参与积极性不高，由于成都平原地区除了成都以外的区域绝大部分处于欠发达区域，农业生产以传统生产方式为主，这种方式造成区域之间互动性弱和信息交流闭塞，造成了部分务农人员因循守旧、安于故俗，对于转变传统的生产模式、参与乡村振兴建设的积极性不高。三是农民主体作用的发挥相对集中于经济发展，尚未达到新型工农城乡关系构建要求的政治、文化和社会的全面发展的要求，从而造成了农民文化和生活水平长期滞后于城市，影响新型工农城乡关系全面的统筹构建。

3. 政府的主导作用发挥不够充分，乡村治理水平有待提高

成都平原地区统筹城乡发展需要政府在体制机制上进行完善，同时加强对农村公共服务的投资。当前的障碍主要表现在：一是成都平原地区由多个市域组成，各地政府有机衔接性不强，各地区基于自身发展利益和行政管辖范围的限制，未能实现全域的城镇规划、产业规划；二是在公共服务领域的投资力度不足，农村公共服务严重滞后于城市水平。公共服务作为公共物品需要政府进行投入，目前成都平原地区城乡基础设施有待改善。对于进城务工农民的就业培训尚未深入实施；政府财政资金对于农村教育、医疗等基本公共服务的投资力度还欠缺，城乡基本公共服务均等化水平还有待提升；三是一些重大制度性阻碍还没有突破，尽管成都作为全国统筹城乡综合配套改革试验区，已经进行了一系列的制度改革，但农村土地的制度改革和集体资产的确权以及权属安排工作还需要进一步推进。

4. 生态文明建设存在薄弱环节

成都平原地区处于长江上游区域，生态战略地位极为重要，但在工业化、城镇化进程中对于生态文明建设的重视程度还不够，妥善解决工农城乡发展与生态文明建设的矛盾成为统筹构建新型工农城乡关系中必须要解决的问题。一是人口与土地的矛盾。成都平原地区是四川经济发展的第一增长极，经济增长迅速，城市扩张速度快，但该区域又是四川盆地的平原地区，是优质耕地的集中区域，土地资源的刚性供给面临重大的压力，城市的扩张和耕地资源的保护面临严峻的矛盾。同时在农业生产过程中，掠夺式耕种、非科学式管理等行为导致土地肥力下降、农业生产的可持续发展水平严重不足；在工业发展的过程中，一些地区工业用地过度扩大，粗放式发展也造成了土地资源的紧张和浪费。二是生态资源的浪费。成都平原地区水资源、土地资源动植物资源、森林资源、自然景观等生态资源丰富，统筹构建新型工农城乡关系的相对优势，但由于资源利用的方式相对落后，综合利用水平不高，城市和乡村空间资源利用不够充分，工农发展也存在着资源浪费的问题，对工农城乡关系的统筹构建造成阻碍。三是城市污染波及范围广。成都平原地区经济和人口集聚度高，随之而来是水污染、土地污染、大气污染等问题，严重危害生态环境。环境问题不利于成都平原地区统筹构建新型工农城乡关系。

8.3.4 成都平原地区新型工农城乡关系构建的策略与路径

1. 成都平原地区构建新型工农城乡关系的策略

(1)发挥市场的决定性作用，优化工农城乡系统资源配置。在一定程度上，统筹构建新型工农城乡关系关键是解决工农城乡间资源要素配置问题。改革开放之前，我国长期采取向城市发展倾斜的政府主导的要素配置模式。随着改革开放的不断深入，市场在资源配置中的作用越来越明显，城乡二元结构在一定程度上得到缓解。党和国家多次提出发挥市场在资源配置中的作用，并在党的十九大报告中再一次提出，要发挥市场在资源配置中的决定性作用。市场经济条件下，建立城乡一体的市场体制机制就显得尤为重要，要以此促进工农城乡之间要素的平等交换和公共资源的均衡配置。

(2)提升农民综合发展能力，破解“三农”难题。“三农”问题是统筹构建新型工农城乡关系的重要环节。统筹构建新型工农城乡关系需要尊重农民主体地位并发挥其主体作用，需要提升农民的综合发展能力。只有农民的综合发展能力得到提升，新型工农城乡关系的构建才有内生动力，才能破解“三农”发展难题。农民的综合发展能力涉及“五位一体”的各个方面，即政治、经济、文化、社会、生态五个领域的提升。成都平原地区的新型工农城乡关系构建的成败深受农民的综合发展能力的影响。如何培育和提升成都平原地区农民的综合发展能力，促进城乡居民在政治、经济、社会管理等方面权利均等，是推进成都平原地区城乡发展一体化的关键。

(3)加大生态资源保护力度，助推生态文明建设。城镇化和生态文明建设的关系是对立统一的。一方面，工业化、城镇化会带来自然资源的消耗，生态环境的恶化；另一方面，工业化、城镇化进程带来的“三废”处理方式的改良与科技向环保的渗透也会促进生态环境的改善。因此，新型工农城乡关系的统筹构建进程中，工业化、城镇化建设与生态文明建设并非不可协调，要将生态文明建设融入统筹构建新型工农城乡关系中。

2. 成都平原地区构建新型工农城乡关系的路径

(1)工农业“大集中、小集约”发展。成都平原地区新型工农城乡关系构建的产业化路径是工农业“大集中、小集约”发展。工农产业协调发展是构建新型工农城乡关系的基础，要形成工农互动、协调发展的利益关系，加强工农业融合。一是促进工业集中化发展。成都平原地区需要根据“十三五”规划及主体功能区的要求，明确不同地区的产业定位。对于重点开发地区，优先考虑产业布局，通过产业园区推动产业集群发展。同时要充分发挥区域内各市区的资源优势，避免同质化竞争。二是农业集约化发展。由粗放经营向集约经营转化是农业发展的客观规律。推动农业集约化发展需要提高农业机械化水平，提升农业生产经营的专业化水平和规模化程度，在此过程中促进城乡要素双向互补的合理流动(迟梦筠和龚勤林，2015)。

(2)破解阻碍城乡一体发展的制度壁垒。成都平原地区新型工农城乡关系构建需要破解阻碍城乡一体发展的壁垒。工农城乡的二元结构的制度根源，是工农城乡间的财政制度、就业制度、户籍制度以及教育、土地和社保等制度。这些既有制度客观上造成了工农产业发展的分离及城乡差距的扩大，阻碍了各类要素在工农城乡间的有序流动，成为统筹构建新型工农城乡关系的瓶颈。深化制度改革，破解阻碍工农城乡协调发展的制度壁垒，构建城乡一体化制度体系，是突破统筹城乡发展瓶颈的根本策略。成都平原地区在制度改革创新上取得了一定的成效，但仍未从根本上形成新型工农城乡关系的制度体系，成都平原地区还应在户籍、教育和土地等方面进行创新改革。

(3) 发展城郊经济统筹推进工农城乡协调。发展城郊经济是推动工农城乡关系协调的重要途径，大力发展城郊经济能够推动新型工农城乡关系的构建。由于特殊的区位优势，城郊是中心城市对外辐射的最佳区域，城郊经济的引入会打破“条块分割”“城乡分离”的封闭状态，促进区域经济向开放型转变，加强城乡经济的联合与合作。成都平原地区发展城郊经济，一是要着力抓好城郊村的改造，取消旧的散居形式，加快村民向市民转变。政府要鼓励城郊住宅的集约型发展，修建高层居民楼，提高土地利用率。二是要推进城郊地区综合配套改革，及时推动撤镇设街、区划调整等行政体制改革，根据具体情况针对性地推进城郊地区综合配套改革。三是促进农村剩余劳动力就业。非农产业是城郊地区就业的主渠道。因此，城郊地区要加强招商引资力度，选择适应新阶段城郊居民区经济发展的产业，引导居民区加快产业结构调整。

8.4　二元突出区：引导互动

8.4.1　二元突出区的基本特征

(1) 工农城乡矛盾凸显。二元突出区的经济社会发展相对滞后，产业化发展与城镇化建设难以相辅相成、相互促进。一方面，区域经济发展缓慢，工业化水平低下，产业的低水平发展难以为城镇化进程提供充足的动力和资金支持，新型城镇化建设滞后，区域经济增长极难以形成。另一方面，区域城乡二元结构明显，城乡居民整体收入水平较低，工农业消费品市场有限，产业化发展缺乏广阔的市场。城市作为资金、技术、人才的集聚地，是产业创新的核心区域。二元突出区的核心城市不明确，辐射带动作用有限，难以为工业化发展提供良好的土壤。

(2) 工农差距现象明显。二元突出区多为老、少、边、穷区域，农业为其区域经济发展的主体，工业化水平低下，三次产业结构尚不合理，产业融合程度较低，工农差距现象严重。区域工农要素配比严重失衡。一方面，低效率的传统农业束缚了大量的农村劳动力，难以为工业化供给足够的产业工人；而农业在发展中可获得的资金、技术极为有限，工业化成果并未应用于农业生产，现代农业产业化经营进展缓慢。另一方面，大量的政府优惠政策、资金、技术和人才投向工业发展，忽视了三次产业的联动发展，农村优质生产要素不断流失，造成了工农分离的恶性循环。

(3) 城乡二元现象突出。二元突出区的城镇化率普遍较低，城乡差距相对较大。二元突出区由于自然条件的阻隔、思想观念的守旧、户籍制度的制约使得区域城镇与农村孤立发展，一方面，农村优质生产要素不断流失，土地规模化经营、农业产业化生产困难重重；另一方面，城市发展的底部农村及小城镇支撑不足，城市的辐射带动作用有限，区域核心城市难以培育(陈明星, 2011)。城乡基础设施差异巨大，农村居民生活水平相对较低，无法获得与市民同等的医疗、教育、养老、休闲等基本公共服务。“城乡分治、城乡隔离”

的格局使得二元突出区乡村振兴乏力，新型城镇化进程缓慢，城镇化水平难以提高，城乡差距持续扩大。

8.4.2 二元突出区典型代表——秦巴山区

秦巴山区总面积为 22.5 万平方公里，包括河南、湖北、重庆、四川、陕西、甘肃六省市的 17 个市、80 个县(市、区)，截至 2012 年，是我国国土面积最广、内部差异极大、二元结构明显的集中连片特困地区(国家发展和改革委员会，2012)。就 2018 年而言，秦巴山区地区生产总值为 9820.47 亿元，常住人口人均 GDP 为 30556.91 元，远低于全国平均水平 64644 元，经济发展水平低下；其城镇化率为 41.71%，远远低于全国平均水平 59.58%，部分市县城镇化率甚至低于 40%，城镇化进程相对缓慢。该区域位于我国一二级阶梯交界处，横跨我国中部和西部地区，地形以山地丘陵为主，地形条件复杂；是我国南北水系和暖温带与亚热带的分水岭，气候温和、雨量充沛，自然差异明显；植被多样，物种丰富。由于地质条件的复杂多样，秦巴山区山体滑坡、水土流失、地震等自然灾害频发。2010 年 12 月国务院发布的《全国主体功能区规划》中将秦巴山区列为生物多样性维护型重点生态功能区。秦巴山区如何在保护生态功能的基础上充分利用丰富的自然资源，处理好生产、生活空间与生态空间的关系，将资源优势转化为经济优势，是其在新型工农城乡关系的构建中不可规避的问题(图 8-7)。

图 8-7 2018 年秦巴山区集中连片贫困区示意图

图片来源：《中国电力报》。

1. 秦巴山区的工农关系现状

尽管自然资源丰富，但秦巴山区区域经济发展落后，产业基础薄弱。秦巴山区 2018 年生产总值为 9820.47 亿元，常住人口人均 GDP 为 30556.92 元，以六省市区域面积的 14.17% 创造的 GDP 占比不足 6%；三次产业结构比值为 15∶45∶40，第一产业占比超过 10%，相对较高。工业基础相对薄弱，产业化水平较低。秦巴山区 2018 年城镇化率为 41.71%[①]，

①缺失保康县、周至县、太白县等 3 县的人口数据。

远远低于全国水平59.58%，部分市县城镇化率甚至低于40%，城镇化进程缓慢(图8-8)。

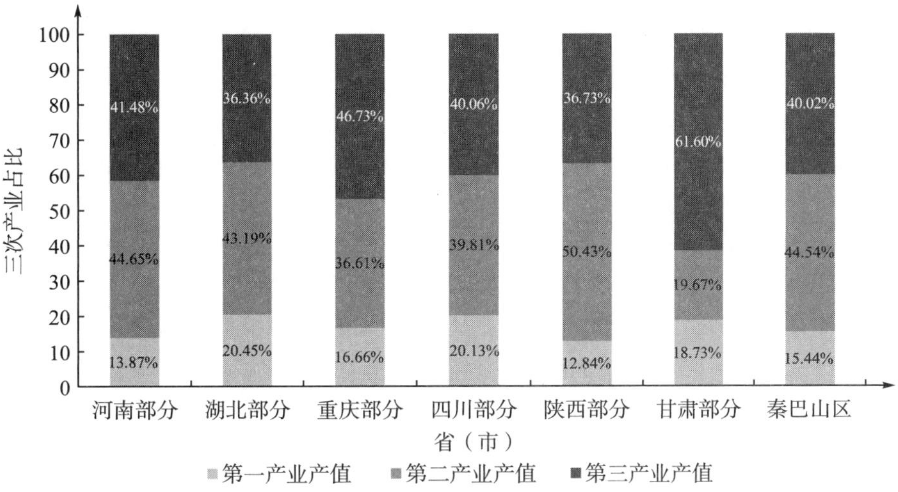

图8-8 2018年秦巴山区各省(市)三次产业占比情况

资料来源：各区县2018年统计公报整理加总所得。

(1)产业结构不合理，农业占比高。秦巴山区由于地形阻碍、交通阻塞等原因，长期处于封闭发展状态，农业在其产业发展中占据重要位置，工业化进程相对缓慢。就三次产业而言，秦巴山区2018年三次产业结构比例为15∶45∶40；就农工产业增加值来说，秦巴山区工农结构为56∶44。各县(市、区)特别是山区地区主要发展靠天吃饭的传统农业，区域特色农产品丰富。由于缺乏资金、技术、人才的支持，工业化水平整体较低。通过对秦巴山区各县(市、区)工业园区的整理可以看出，大部分区县倾向于布局“新能源汽车制造”等高端制造业和现代服务业，脱离了当地的经济社会实际情况，导致产业集群发展相互促进的目标难以实现，区县之间恶性竞争情况时有发生，无法与周围成渝经济区、关中—天水经济区等形成良性互动(栾群和周忠锋，2017)。秦巴山区的服务业相对处于从属、次要的地位。该区域人口分布相对稀疏，居民收入较低，购买力有限，消费品市场相对较小；受限于地区产业的发展，信息技术服务、研发设计服务等生产性服务业更是发展缓慢(表8-9)。

表8-9 2018年秦巴山区各省(市)产业结构情况

区域	河南部分	湖北部分	重庆部分	四川部分	陕西部分	甘肃部分	秦巴山区
产业结构	14∶45∶41	21∶43∶36	17∶36∶47	20∶40∶40	13∶50∶37	10∶20∶61	15∶45∶40
工农业产值比例	—	—	35∶65	53∶47	43∶57	—	56∶44

资料来源：各省(区、市)2018年统计公报整理所得。

(2)三次产业各自发展，产业融合举步维艰。秦巴山区工农业融合力度不够，工农业发展相互制约。现代农业发展缓慢。一方面，秦巴山区农业在其发展过程中，山区有效耕地资源不足，农业基础设施落后，秦巴山区农业抵抗自然灾害的能力较差；另一方面，作为工业化成果的农业机械设备并没有因地制宜地应用于秦巴山区的农业生产，机械化程度低下，农业生产效率低(梁宏　等，2016)。①产业链条短。秦巴山区大部分地区围绕特色农产品开展了一些农产品加工，如达州市万源市的富硒农产品加工、绵阳市北川县的茶叶加工、广元市苍溪县红心猕猴桃加工等。但目前的农产品加工尚处于初级加工的阶段，完整的产业链并未形成，品牌优势难以形成，产品附加值低。②工业发展动力不足。传统农业的发展束缚了大量的农村劳动力，使得秦巴山区工业发展缺乏足够劳动力；此外，工业未与农业和服务业形成良性互动，发展基础薄弱。

2. 秦巴山区城乡关系现状

(1)城镇化水平低下，城镇体系不健全。秦巴山区 2018 年城镇化率为 41.71%①，远远低于全国水平 59.58%，部分市县城镇化率甚至低于 40%，城镇化进程缓慢。目前，秦巴山区包括两个Ⅱ型大城市(十堰市、汉中市)，五个中等城市(巴中市、广元市、商洛市、安康市、陇南市)及若干小城市和小城镇，缺乏Ⅰ型大城市及以上核心城市的辐射带动，城镇规模等级结构相对简单。就空间布局而言，秦巴山区各区县城镇由于受山地地形和行政区划等的约束，呈现出块状式、带状式的分散的城镇空间布局，区域内各市县城镇间网络体系尚不完善，区域联系有待加强。此外，异地城镇化现象明显。由于区域经济不发达、就业机会少且生活条件较差，秦巴山区大量人口外流产生异地城镇化现象，使得本地城镇化水平难以提高(图 8-9)。

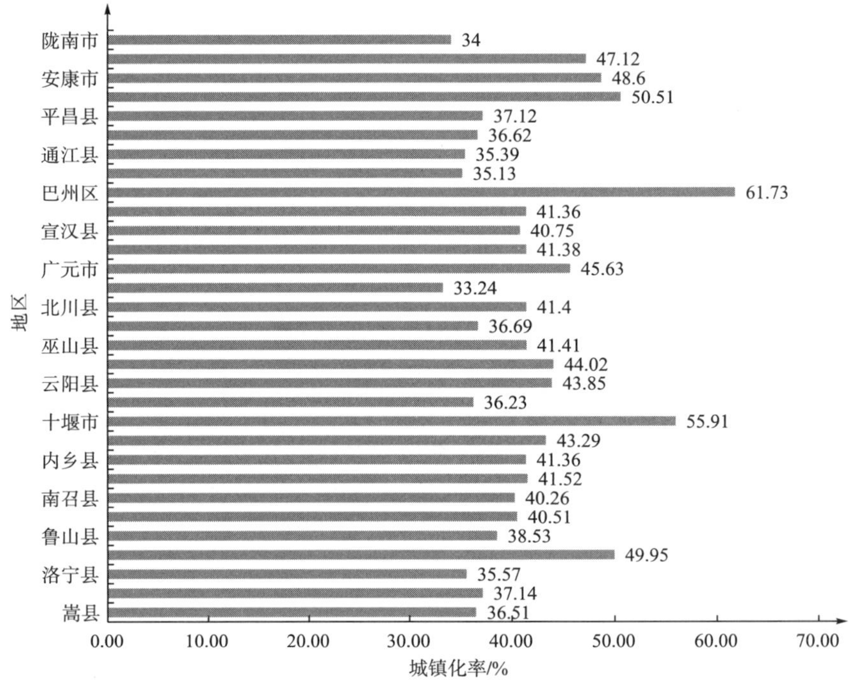

图 8-9　2018 年秦巴山区各县(市、区)城镇化率

资料来源：2018 年各县(市、区)统计公报。

①缺失保康县、周至县、太白县等 3 县的人口数据。

(2)城乡贫富差距大，城乡基础设施配套与公共服务差异大。①城乡收入差距巨大。2018 年秦巴山区城镇居民人均可支配收入为 27814.68 元，而农村居民人均可支配收入仅 10792.71 元，城乡居民人均可支配收入比高达 2.58∶1。②城乡基础设施配套不足。一方面是城镇化如火如荼地展开，城镇水电煤气等生活配套设施、道路交通基础设施等相对完善；而另一方面是农村基础设施建设的滞后，农村居民的饮水、电力、通信、交通等生活性基础设施供给严重不足，农田水利等生产性基础设施更是投入不足、年久失修，严重制约着农业的发展与农民生活水平的提高。③城乡公共服务差异巨大。教育、卫生、文化等公共服务主要分布在城镇地区，等级越高其数量越少，而农村作为最基层的经济腹地，其可获得的公共服务少之又少，就医、就学等难以就地解决(图 8-10)。

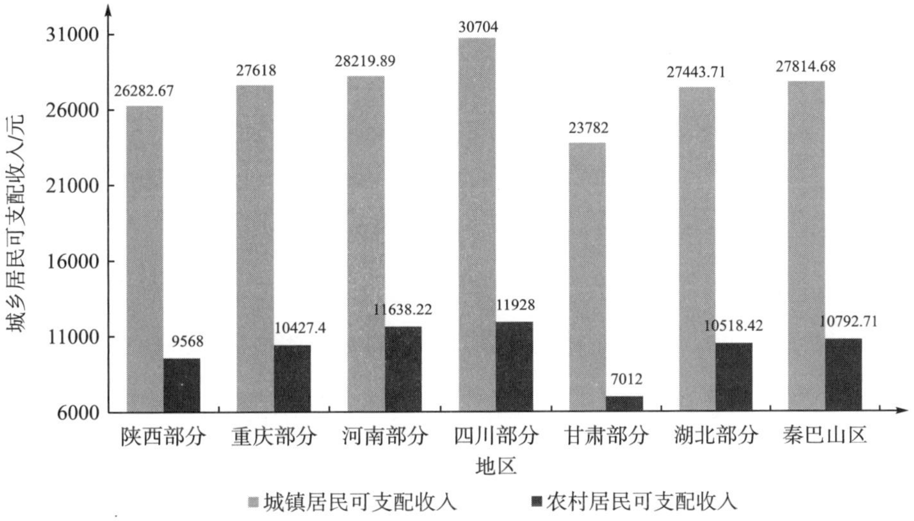

图 8-10 2018 年秦巴山区各省(市)城乡居民可支配收入情况

资料来源：2018 年各省(市)统计公报整理所得。

8.4.3 秦巴山区新型工农城乡关系构建中存在的问题

(1)受地理因素的约束。受制于大山的阻碍，秦巴山区的乡村交通极其不便，客观上影响了与外界的高效沟通。长久以来传统农业经济使得当地市场经济缺乏良好的发展土壤，工业化进程缓慢。该地区居民习惯自给自足的小农经济状态与生活方式，转变为现代的生产生活方式存在路径依赖障碍。地理区位的劣势，造成了生产要素的流失，即使当地在招商引资、对外开放等方面积极进取，主动出击，仍无法与发达的平原地区匹敌，区域自主创新相对缓慢，“城乡互促、工农一体”的统筹发展缺乏良好的资源、区位条件。

(2)体制机制束缚。秦巴山区新型工农城乡关系的构建受到当前某些体制机制的约束。首先，秦巴山区内各行政区之间区域协调机制不健全，使得不同省(市)之间、不同县(市、区)之间相互竞争，产业同构现象严重。其次，户籍制度改革推进缓慢，不利于农村剩余劳动力的转移。进城农民一方面难以取得城市户籍无法享受市民待遇，另一方面又无心农业生产导致农田荒废，既不利于农业的产业化经营，又不利于秦巴山区城镇化进程。此外，农村土地制度不够完善同样也制约着秦巴山区新型工农城乡关系的构建。转让、出租、质押、置换等各种土地流转方式难以付诸实践，不利于农村土地承包经营权的流转和农业的规模化经营，工农二元结构难以打破(蔡晓兰，2011)。

(3)发展基础薄弱。秦巴山区整体经济实力薄弱，财政实力弱，资金缺口巨大，经济建设面临困难。工业发展的基础较为薄弱，工业化程度不高。落后的经济发展水平尤其是工业化水平不利于带动一、三次产业协调发展，三次产业间难以形成工农互促的良性互动格局。由于缺乏工业化动力，城镇化进程举步维艰。此外，秦巴山区缺乏区域增长极，城市化水平较低，城镇体系建设尚不完善，城市对农村的辐射能力较弱。

(4)生态环境制约。秦巴山区属于我国重点生态功能区，地质条件复杂，自然灾害频发，生态环境脆弱。在进行新型工农城乡关系构建的过程中，秦巴山区深受自然生态环境的制约。部分县(市、区)在进行工业化及城镇化建设过程中，盲目占用耕地毁林开发，进行“摊大饼”式的城镇建设，未能较好处理经济发展与生态保护之间的关系，不利于区域的可持续发展。在构建新型工农城乡关系的过程中，秦巴山区地区必须处理好经济社会发展与生态环境保护之间的关系。

8.4.4 秦巴山区构建新型工农城乡关系的策略与路径

1. 秦巴山区破解二元的策略

秦巴山区二元结构的破除，是从思想到行动、从宏观体制机制到微观主体行为的一场宏大变革。首先，思想观念转变是四川秦巴山区新型工农城乡关系构建的前提，是破除双二元结构的内在动力。其次，体制机制改革是保障，盘活体制机制，充分发挥“看不见的手”和“看得见的手”的积极作用，是新型工农城乡关系成功构建的制度保证。最后，生态环境保护是基础，秦巴山区新型工农城乡关系构建必须坚持生态环境保护，处理好经济社会发展与生态保护之间的关系。

具体落实到区域发展上，以产业化促进城镇化进程，以城镇化支撑产业化发展。产业化为城镇化进程提供了经济动力，城镇化为产业化发展提供了丰富的生产要素。以“乡村振兴”战略为契机，充分挖掘并发挥地方产业特色，发展现代农业和生态友好型产业，将工业化成果应用于农业生产，实现农业产业化经营；同时农业作为基础产业，延伸农业产业价值链，促进一二三产业有机融合，实现工农互促的良好格局。因地制宜推动新型城镇化建设。对于生态环境脆弱、生存条件恶劣的地区，采取易地搬迁城镇化模式，改善居民生活条件，提高居民生活质量；对于资源环境承载力较好的地区，如汉中盆地、安康盆地等，采取就近城镇化模式，实现以城带乡、城乡一体的有机互动(图8-11)。

2. 秦巴山区构建新型工农城乡关系的路径

(1)加快破除工农城乡双二元的制度障碍。秦巴山区新型工农城乡关系的构建，必须解放思想，加快破除工农城乡双二元的制度障碍，充分发挥市场在资源配置中的决定性作用和政府的作用。第一，解放思想，破除传统小农经济思想束缚。通过经济社会文化交流等方式提高区域开放力度，加大宣传教育力度，引导群众破除自我满足的小农意识、自我封闭的山沟意识和自我限量的自卑意识(王成军，2013)。第二，发展社会主义市场经济，发挥市场在资源配置中的决定性作用。树立市场观念，适当放宽市场准入条件，完善扶持政策与措施，支持小微企业发展，鼓励民间资本投入，激发市场活力。第三，转变政府职能。转变政府长期以来主导工业化和城镇化建设的思想认识，把主要职能放在提升公共服务水平上，不断推进公共服务均等化，同时科学地制定优惠政策吸引资金、技术、人才等生产要素进入，提高秦巴山区经济活力与自主创新能力。

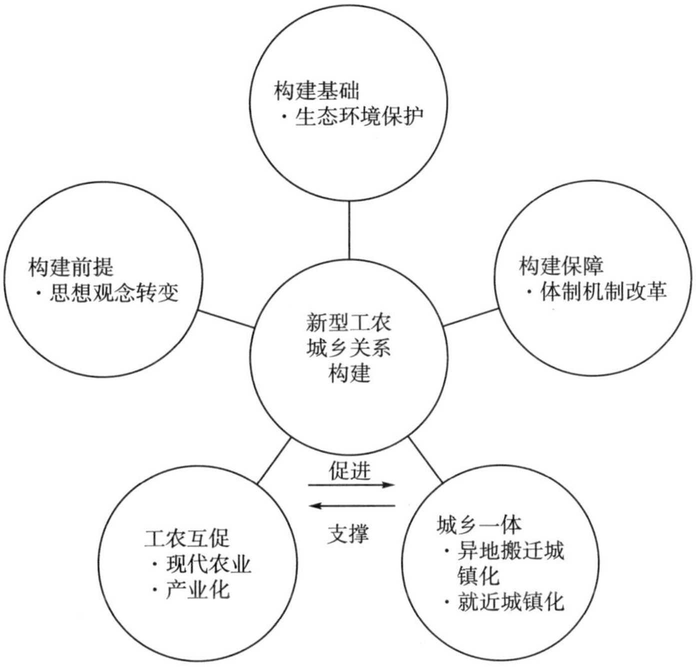

图 8-11 秦巴山区新型工农城乡关系构建的策略选择

(2) 以特色生态农业为优势，促进三产融合。对于该区域的产业扶贫，必须在充分尊重其生态脆弱性、保护生态环境的基础上，以特色农产品为优势发展特色生态产业，促进一二三产业融合，实现工农互促发展。首先，以农业为基础发展特色产业。秦巴山区内自然资源丰富，应以“乡村振兴”战略为契机，充分发挥地区特色，坚持特色农业、特色药业和农产品加工业的发展，同时以工业化成果改造传统农业，促进农业产业化经营，实现“一村一品”的专业化生产模式。例如，广元市建设现代农业示范园区以发展特色农产品，包括剑门关土鸡、优质生猪、苍溪红心猕猴桃、苍溪雪梨、优质粮油、烟叶、林产品等(赵健兵 等，2016)。其次，延伸产业价值链，打造区域品牌优势。以区域特色农产品为基础，打造品牌特色，形成区域品牌影响力，延伸拓宽农业产业价值链，促进农产品由粗加工向精深加工、文化创意加工等高附加值产业转变。例如，达州万源市以“生态、富硒、有机”为特色，建设富硒农畜产品现代农业生产基地，大力发展农畜产品精深加工产业，并根据市场需求积极开发针对高端消费人群的新产品(达州市委农工委，2014)。此外，打造生态旅游业。秦巴山区农村地域辽阔、自然类型多样、民俗文化丰富，具有发展农业生态旅游业的得天独厚的条件。充分发掘秦巴山区农业的文化功能和休闲娱乐功能，发展体验式农业、农家乐、亲子活动等多形式的生态旅游业，促进农旅结合(栾群和周忠锋，2017)。

(3)推进新型城镇化建设，加快以城带乡步伐。秦巴山区横跨中西部、纵贯南北方，内部差异性显著，因此在统筹城乡关系的过程中，必须因地制宜推进新型城镇化建设，加快以城带乡步伐。一方面，秦巴山区部分地区生态环境脆弱，自然灾害频发，人们生活条件恶劣，基本的生活保障都难以满足，大规模城镇化建设更是难以推进。对于这部分区域，应采取易地搬迁城镇化模式，发挥政府的公共服务的职能。要结合社会各方力量，选择合适的搬迁安置点，制定配套政策解决搬迁居民的就医就学等生活问题，同时规划合理的产业布局，实现搬迁居民的可持续发展，提高居民的生活水平，同时也达到了秦巴山区扶贫的目的(达州市发展和改革委员会，2020)。另一方面，对于资源环境承载力较好的区域，采取就近城镇化模式。将小城镇作为连接城乡承上启下的桥梁，以小城镇的建设吸纳就近的剩余农村劳动力生活就业，助力城乡差距的缩小，促进城乡一体化，实现农民市民化(赵思敏，2013)。此外，促进城乡公共服务均等化。以城镇功能的配套完善带动新农村交通、医疗、教育、养老、环保等的全面改善。改善农村配套基础设施状况，提高农民生活质量，促进城乡之间的人才、资金和技术等生产要素充分交流，实现以城带乡、城乡一体(蔡书凯和李靖，2016)。在此基础上，万源市积极推动农业农村改革，探索构建新型工农城乡关系(专栏 8-1)。

专栏 8-1　万源市新型工农城乡关系构建

万源市位居四川省东北部、川渝接合部、秦巴山区核心区，面积为 4065 平方公里，是国家扶贫开发工作重点县，同时也是国家限制开发区和重要的生态功能区。2010 年，万源市生产总值总量仅为 57.82 亿元，农业特色不够鲜明，工业化水平落后。区域城镇居民人均可支配收入为 10194 元，农民人均纯收入为 3175 元，城乡居民收入差距大，基础设施和公共服务更是严重向城镇地区倾斜①。

主要措施及成效：①积极推进农业农村改革，基本完成农村土地承包经营权确权登记颁证。②加快农村基础设施建设，积极推进农村水电煤气管道的建设，新增并维护农村公路，加强城乡医疗、教育、休闲等基础设施建设。2017 年，万源市建成农村公路 380 公里，城乡基础设施及公共服务差距不断缩小。③发展生态产业。以富硒食品和道地中药材为特色，建立秦巴生态工业园区，重点发展富硒食品深加工产业和道地中医药产业，从上游的富硒食品的种植生产，到下游的富硒食品精深加工及生态旅游，不断延伸产业价值链。2017 年万源市工业园区主营业收入达 30.08 亿元，吸纳就业 3000 余人(万源市投资促进局，2018)。④以易地扶贫搬迁模式为依托推进城镇化建设。万源市坚持政府主导与村民主体相结合、搬迁安置与产业发展相结合，2017 年实现易地扶贫搬迁 15016 人(达州市人民政府，2018)。⑤经过七年的建设，2017 年，万源市生产总值总量变为 136.35 亿元，三次产业结构调整为 22.3∶30.8∶46.9，第三产业占比显著提升。区域城镇居民人均可支配收入为 25585 元，农民人均纯收入为 9045 元，城乡居民收入提升巨大。

主要经验及教训：①推进体制机制改革，为新型工农城乡关系构建打造制度保障；②根据区域特色选择主导产业，实现三次产业的良好互动，同时也处理好经济社会发展与生态环境保护的关系(王成军，2013)；③积极推进城乡基础设施建设，改善农村居民生活条件，以“乡村振兴”战略为契机推进新农村建设，实现城乡统筹发展；④易地扶贫搬迁模式造成地方政府巨大的财政压力，资金缺口较大。在今后实施的过程中，应注重民间资金的参与，吸纳多方力量。

资料来源：万源市投资促进局网站和达州市人民政府网站(http://www.dazhou.gov.cn/)。

①数据来源：万源市 2010 年政府工作报告。

参 考 文 献

阿瑟·奥沙利文，2015. 城市经济学(第8版)[M]. 周京奎，译. 北京：北京大学出版社.

阿瑟·刘易斯，1989. 二元经济论[M]. 施炜等译. 北京：北京经济学院出版社.

安虎森，薄文广，2016. 经济新常态下的城乡一体化发展——问题、瓶颈与突破路径[J]. 人民论坛·学术前沿(8)：26-34.

白雪，宋玉祥，浩飞龙，2018. 东北地区“五化”协调发展的格局演变及影响机制[J]. 地理研究，37(1)：67-80.

白雪秋，毕世杰，1996. 我国农民收入增长速度与通货膨胀关系分析[J]. 经济纵横(12)：22-24.

毕夫. 2018. 城乡融合是带动乡村振兴的核心引擎[N]. 中国青年报, [2018-01-22](02).

蔡书凯，李靖，2016. 中国城乡一体发展的阶段定位、区域差异与推进策略[J]. 江西财经大学学报(4)：3-11.

蔡晓兰，2011. 秦巴山地城镇化发展路径研究[D]. 咸阳：西北农林科技大学.

蔡玉胜， 2014. 构建新型城乡关系的问题和途径及改革要点[J]. 农业现代化研究(2)：129-133.

蔡之兵，2018. 区域经济视角下的现代化经济体系问题研究[J]. 经济学家(11)：62-68.

曹俊杰，2016. 实现由工业反哺农业向工农业协调发展战略转变[J]. 中州学刊(11)：24-28.

曹萍，2017. 中国特色城镇化道路推进机制研究[M]. 北京：人民出版社.

陈春，2008. 健康城镇化发展研究[J]. 国土与自然资源研究(4)：7-9.

陈吉元，胡必亮，1994. 中国的三元经济结构与农业剩余劳动力转移[J]. 经济研究(4)：14-22.

陈明星，2011. “十二五”时期统筹推进城乡一体化的路径思考[J]. 城市发展研究，18(2)：37-41.

陈世栋，罗忱，张洲，2018. 以特色小镇凝聚广东城乡资源要素优化流动[J]. 发展改革理论与实践(8)：5-10.

陈享光，2002. 当代中国经济[M]. 北京：当代世界出版社.

陈修颖，汤放华，2014. 城乡一体化背景下地方府际关系重构与政府职能转型[J]. 经济地理，34(12)：78-84，132.

陈宗胜，1996. 论发展经济学的现状与趋势[J]. 经济学家(4)：110-118.

迟梦筠，龚勤林，2015. 工农业协调发展的当下问题与现实路径[J]. 理论探讨(3)：87-90.

达州市人民政府，2018[2018-05-16].万源市 2017 年国民经济和社会发展统计公报[EB/OL].http://www.dazhou.gov.cn/xxgk-show-5195.html.

邓玲，龚勤林，王倩，2014. 我国生态文明发展战略及其区域实现研究[M]. 北京：人民出版社.

丁家云，周正平，2015. 基于农业产业链延伸的农产品国际竞争力研究[J]. 南京审计学院学报(3)：26-34.

杜肯堂，戴士根，2004. 区域经济管理学[M]. 北京：高等教育出版社.

杜学鹏，零春晴，王荣荣，等，2019. 我国整合城乡居民医保的现状、问题及对策[J]. 卫生软科学，33(2)：67-70，75.

端木美，周以光，张丽，2001. 法国现代化进程中的社会问题：农民、妇女、教育[M]. 北京：中国社会科学出版社.

费景汉，拉尼斯，1992. 劳动剩余经济的发展——理论与政策[M]. 赵天朗，等译. 北京：经济科学出版社.

付娜，2014. 发达国家城乡一体化经验对中国进一步城乡统筹发展的启示研究[J]. 世界农业(8)：47-53.

傅泽田，张领先，李鑫星，2016. 互联网+现代农业：迈向智慧农业时代[M]. 北京：电子工业出版社.

傅兆君，岑慧，赵燕敏，2015. 长三角城乡一体化发展对策研究[J]. 南京邮电大学学报(社会科学版)，17(1)：49-56.

高帆. 2018. 中国乡村振兴战略视域下的农民分化及其引申含义[J]. 复旦学报(社会科学版)，60(5)：149-158.

高云才，2018. 海城金融改革撬动现代农业(农村经济观察)[N]. 人民日报，[2018-08-19].

龚勤林，2004a. 区域产业链研究[D]. 成都：四川大学.

龚勤林，2004b. 论产业链构建与城乡统筹发展[J]. 经济学家(3)：121-123.

龚勤林，2013. 西部地区城乡产业链研究[M]. 成都：四川人民出版社.

龚新蜀，张洪振，王艳，等，2018. 产业结构升级、城镇化与城乡收入差距研究[J]. 软科学，4(32)：39-43.

桂琦寒，陈敏，陆铭，等，2006. 中国国内商品市场趋于分割还是整合：基于相对价格法的分析[J]. 世界经济(2)：20-30.

郭俊敏，2011. 乡风文明建设背景下的乡镇政府职能重构[J]. 河南师范大学学报(哲学社会科学版)(3)：59-62.

郭玮，1992. 中国工农关系研究[J]. 经济学家(1)：53-128.

郭玮，2016. 着力构建现代农业产业体系生产体系经营体系[J]. 休闲农业与美丽乡村(3)：82-83.

郭晓鸣，张克俊，虞洪，等，2018. 实施乡村振兴战略的系统认识与道路选择[J]. 农村经济(1)：11-20.

国家发展和改革委员会，2012. 秦巴山片区区域发展与扶贫攻坚规划(2011—2020)[R].

国家发展和改革委员会，2016. 长江三角洲城市群发展规划[R].

韩靖，2013. 我国三次产业间相互拉动关系研究[J] 财经理论研究(5)：49-55.

韩俊，2012. 农村税费改革开启了统筹城乡发展的新时代[J]. 发展研究(4)：4-6.

何逢标，2010. 综合评价方法 MATLAB 实现[M]. 北京：中国社会科学出版社.

何盛明，1990. 财经大辞典[M]. 北京：中国财政经济出版社.

何正平，2007. 实施易地移民 惠泽贫困群众——达州市易地移民扶贫搬迁调查及今后工作的对策[J]. 达州新论，1：34-36.

贺雪峰，2014. 城市化的中国道路[M]. 北京：东方出版社.

洪银兴，2018. 基于完善要素市场化配置的市场监管[J]. 江苏行政学院学报(2)：47-56.

侯纯光，程钰，任建兰，2016. 山东省“新五化”协调发展时空演变[J]. 经济地理，36(10)：60-68.

胡怀国，2021. 中国现代化进程中的土地制度：百年变革的理论逻辑[J]. 当代经济研究(6)：15-23，113.

花永剑，2010. 农业产业集群研究综述[J]. 企业活力(12)：17-21.

华淑名，高志刚，2017. 欠发达地区“五化”耦合协调发展的机理与测度分析——以新疆为例[J]. 经济问题探索(4)：103-109.

华西都市报，2013[2013-11-1]. 达州新型城镇化蓝图——百万人口特大城市 [EB/OL].http://news.huaxi100.com/show-11-379589-1.html.

黄璜，2006. 日本推进城乡一体化的经验[N]. 成都商报，[2006-09-12].

黄可人，2018. 户籍制度演变与城乡劳动力的流动[J]. 农业经济(1)：86-89.

黄庆华，周志波，陈丽华，2016. 新型城镇化发展模式研究：基于国际比较[J]. 宏观经济研究(12)：59-66.

贾善铭，2014. 区域经济增长空间均衡研究述评[J]. 区域经济评论(1)：124-129.

简晓彬，陈宏伟，2018. 先进制造业的培育机制及路径——以江苏省为例[J]. 科技管理研究(7)：149-153.

江省身，2017. 新型城镇化背景下我国工业化与农业现代化的互动发展[J]. 社会科学家(6)：85-89.

江苏省人民政府，2014. 江苏省新型城镇化与城乡发展一体化规划[(2014-2020 年)[N]. 新华日报，[2014-05-26].

江孝君，杨青山，刘鉴，2017. 中国地级以上城市“五化”协调发展时空格局及影响因素[J]. 地理科学进展，36(7)：806-819.

姜德波，彭程，2018. 城市化进程中的乡村衰落现象：成因及治理——“乡村振兴战略”实施视角的分析[J]. 南京审计大学学报(1)：22.

姜晓萍，2008. 统筹城乡发展中的行政障碍与地方政府治理[J]. 理论月刊(4)：5-9.

姜永红，2008. 建国后农村税赋问题的历史[J]. 内蒙古科技与经济(5)：19-20.

姜长云，2018. 建立健全城乡融合发展的体制机制和政策体系[J]. 区域经济评论(3)：114-116.

蒋辉，张康洁，张怀英，等，2017. 我国三次产业融合发展的时空分异特征[J]. 经济地理，37(7)：105-113.

蒋永穆，2018. 基于社会主要矛盾变化的乡村振兴战略：内涵及路径[J]. 社会科学辑刊(2)：15-21.

经济参考报，2018. 构建全面建成小康社会背景下的新型城乡关系[OL]. [2018-05-9]. http://dz.jjckb.cn/www/pages/webpage2009/html/2018-05/09/content_43255. htm.

李钒，侯远志，张燕君，2013. 产业链构建与统筹城乡发展研究[J]. 山东社会科学(8)：169-173.

李克强，1991. 论我国经济的三元结构[J]. 中国社会科学(3)：65-82.

李明欣，2016. 我国城乡义务教育公平研究[D]. 北京：中共中央党校.

李芹芳，任召霞，2010. 经济地理学[M]. 武汉：武汉大学出版社.

李实，2003. 中国个人收入分配研究回顾与展望[J]. 经济学季刊，2(2)：379-404.

李溦，冯海发，1993. 农业剩余与工业化的资本积累[J]. 中国农村经济(3)：38-43.

李伟，2018. 推动中国经济稳步迈向高质量发展[J]. 智慧中国(1)：14-17.

李政，2013. 国有企业提高自主创新能力的制约因素与驱动机制[J]. 学习与探索(7)：106-110.

厉无畏，2006. 创意产业导论[M]. 上海：学林出版社.

厉无畏，王慧敏，2002. 产业发展的趋势研判与理性思考[J]. 中国工业经济(4)：5-11.

厉以宁，2009. 走向城乡一体化：建国 60 年城乡体制的变革[J]. 北京大学学报(哲学社会科学版)，46(6)：5-19.

梁春梅，李晓楠， 2018. 农村集体产权制度改革的减贫机制研究[J]. 理论学刊(4)：55-61.

梁宏，李永涛，马丽丽，等，2016. 西部山区发展绿色循环农业的探讨——以四川秦巴山区为例[J]. 国土资源科技管理，33(2)：50-55.

林刚，2000. 关于中国经济的二元结构和三元结构问题[J]. 中国经济史研究(3)：40-65.

林刚，2014. 中国工农城乡关系的历史变化与当代问题[J]. 中国农村观察(5)：2-12，93.

林光彬，郑川，2018. 农产品价格管理政策的中国理论与中国方案[J]. 经济与管理评论，34(2)：33-50.

林万龙. 2017. 农地经营规模：国际经验与中国的现实选择[J]. 农业经济问题，38(7)：33-42.

林毅夫，2012. 林毅夫：中国经济，“风景这边独好”[J]. 国企 (10)：25.

刘秉镰，朱俊丰，2018. 区域市场分割的影响因素及其空间邻近效应分析——基于 1989—2014 年中国省际面板数据[J]. 经济地理，38(10)：36-45.

刘国斌，朱先声，2018. 特色小镇建设与新型城镇化道路研究[J]. 税务与经济(3)：42-49

刘良，2014. 复合型城乡关系的形成与公共服务一体化探析[J]. 华北电力大学学报(社会科学版)(4)：28-32.

刘明宇，芮明杰，2009. 全球化背景下中国现代产业体系的构建模式研究[J]. 中国工业经济 (05)：57-66.

刘涛，2012. 中国现代农业产业体系构建：模式探索与路径选择[J]. 河北师范大学学报(哲学社会科学版)，35(4)：40-44.

刘伟，2014. 工业化后大城市地区城乡关系转型研究[D]. 北京：首都经济贸易大学.

刘彦平，王芃，2018. 我国“农超对接”模式的发展现状及影响因素分析[J]. 现代管理科学(4)：6-8.

刘治彦，2018. 以城乡融合促乡村振兴[OL]. [2018-06-05]. 国家治理，http://www.rmlt.com.cn/2018/0605/520310. shtml.

刘著江，马云卿，2018. 走新型“四化”深度融合互动发展之路[N]. 福建日报，[2018-05-21].

陆枭麟，张京祥，皇甫玥，2010. 发展环境变迁背景下的全域城乡规划比较研究[J]. 规划师，26(7)：13-18.

栾群，周忠锋，2017. 对新时期产业扶贫布局的思考——以秦巴山区产业布局为例[J]. 中国扶贫(4)：64-67.

罗能生，彭郁，2016. 交通基础设施建设有助于改善城乡收入公平吗?——基于省级空间面板数据的实证检验[J]. 产业经济研究(4)：100-110.

罗文，2014. 从战略上推动我国先进制造业发展[J]. 求是(10)：22-24.

雒海潮，刘荣增，2014. 城乡空间统筹规划的问题及对策[J]. 武汉理工大学学报(社会科学版)，27(3)：384-388.

吕添贵，吴次芳，李洪义，等，2016. 人口城镇化与土地城镇化协调性测度及优化——以南昌市为例[J]. 地理科学，36(2)：

239-246.
马克思，1995. 资本论(第 1 卷)[M]. 北京：人民出版社.
马克思，2004.《资本论》第 1 卷[M]. 北京：人民出版社.
马克思，恩格斯，1963. 马克思恩格斯全集(第 19 卷)[M]. 北京：人民出版社.
马克思，恩格斯，1995a. 马克思恩格斯选集(第 1 卷)[M]. 北京：人民出版社.
马克思，恩格斯，1995b. 马克思恩格斯选集(第 3 卷)[M]. 北京：人民出版社.
马力阳，罗其友，李同昇，等，2017. 半干旱区水资源-乡村发展耦合协调评价与实证研究——以通辽市为例[J]. 经济地理，37(9)：152-159.
迈克尔・托达罗，1992. 经济发展与第三世界[M]. 印金强，等译，北京：中国经济出版社.
毛蕴诗，汪建成，2006. 基于产品升级的自主创新路径研究[J]. 管理世界(5)：114-120.
聂梁林，李丁，赵怡芳，等，2016. 丝绸之路节点城市“五化”同步发展耦合协调性研究——以兰州市为例[J]. 资源开发与市场，32(12)：1482-1488.
牛文元，2009. 中国新型城市化报告 2009[M]. 北京：科学出版社.
农业投入总课题组，1996. 农业保护现状、依据和政策建议[J]. 中国社会科学(1)：56-71.
彭腾，2006. 改革与发展不能忽视农民利益——列宁新经济政策运用的启示[J]. 湖南经济管理干部学院学报(2)：19-21.
彭腾，2008. 农民增收与制度创新[J]. 学习论坛(8)：61-64.
漆向东，2017. 农业工业化、农业产业化、农业现代化辨析[J]. 信阳师范学院学报(哲学社会科学版)，37(4)：28-32.
秦中春，2016. 城乡一体化发展：面向未来的国家战略[J]. 人民论坛・学术前沿(8)：6-17.
冉启秀，周兵，2008. 新型工业化和新型城镇化协调发展研究——基于重庆市全国统筹城乡综合配套改革试验区的实证[J]. 重庆工商大学学报(西部论坛)(2)：39-45.
芮明杰，2018. 构建现代产业体系的战略思路、目标与路径[J]. 中国工业经济(9)：24-40.
沈迟，2018. 新型城镇化与乡村振兴要互促共融[N]. 福建日报，[2018-05-21].
盛光华，林政男，2017. 长吉图区域产业关系耦合性分析[J]. 当代经济研究(8)：76-82.
四川省人民政府办公厅，2016. 成都平原经济区“十三五”发展规划[R].
孙国民，2018. 乡村振兴：四十年工农城乡关系改革的经验、教训与展望[OL]. [2018-04-11]. http://www.jsthinktank.com/zkzjctzgkgkfssn/201804/t20180411_5281508. shtml.
孙凯，高帆，2005. 我国对二元经济问题的研究：一个文献综述[J]. 人文杂志(3)：73-76.
汤爽爽，2012. 法国快速城市化进程中的乡村政策与启示[J]. 农业经济问题(6)：104-109.
藤田昌久，保罗・克鲁格曼，2016. 空间经济学——城市、区域与国际贸易[M]. 梁琦，译. 北京：中国人民大学出版社.
“提升四川乡村治理能力的途径和措施”课题组，2017. 乡村治理能力提升之策——以四川省为例[J]. 农村经济(12)：12-14.
田国强，2013.“中等收入陷阱”与国家公共治理模式重构[J]. 人民论坛(8)：14-15.
万艳华，2002. 我国城乡一体化及其规划探讨[J]. 华中科技大学学报(城市科学版)(2)：60-63.
万源市投资促进局，2018. 万源市工业园区简介[OL]. [2018-07-09]. http://www.dzzs.gov.cn/Item/1166.aspx，2018.7.9.
王成军，2013. 深入推进扶贫攻坚加快构建秦巴山区区域发展中心[C]. 2013 中青年专家学术大会.
王德文，何宇鹏，2005. 城乡差距的本质、多面性与政策含义[J]. 中国农村观察(3)：25-37.
王建增，2011. 论城乡一体化利益协调机制的构建[J]. 河南师范大学学报(哲学社会科学版)，38(1)：49-52.
王娟，2011. 西部地区加快城镇化体制和政策研究——以成都统筹城乡改革试验为例[J]. 宏观经济研究(2)：62-65.
王婉薇，2006. 构建现代服务业体系之我见[J]. 江苏商论(6)：89-90.

王维，2017. 长江经济带城乡协调发展评价及其时空格局[J]. 经济地理，37(8)：60-66，92.
王晓勇，2018. 重塑城乡关系，走好城乡融合发展之路[OL]. [2018-03-28]. 四川日报，http://scnews.newssc.org/system/20180328/000865833. html.
王一鸣，高峰，2004. 城乡二元结构：体制性因素和改革对策[N]. 中国经济时报，[2004-09-02].
王英梅，2018. 公平视角下城乡义务教育均衡发展探微[J]. 现代教育科学(8)：66-70，75.
王颖，孙平军，李诚固，等，2018. 2003 年以来东北地区城乡协调发展的时空演化[J]. 经济地理，38(7)：59-66.
王岳含，2016. 农业现代化视域下的新型农业经营主体培育研究[J]. 农业经济(8)：7-8.
威廉·配第，2010. 政治算术[M]. 马妍，译. 北京：中国社会科学出版社.
巫强，林勇，任若琰，2018. 长三角三次产业协调发展程度测算及其影响机理研究[J]. 上海经济研究(11)：77-89.
吴根平，2014. 我国城乡一体化发展中基本公共服务均等化的困境与出路[J]. 农业现代化研究(1)：36.
吴汉洪，2018. 市场监管与建设现代化经济体系[J]. 学习与探索(6)：97-104.
吴金明，邵昶，2006. 产业链形成机制研究——“4+4+4”模型[J]. 中国工业经济(4)：36-43.
吴盛汉，2008. 中国农村城镇化四大实践模式及经验启示[J]. 长春理工大学学报(高教版)(4)：149-152.
新华网，2005. 中共中央关于制定国民经济和社会发展第十一个五年规划的建议[OL]. [2005-10-11]. http://news.xin－huanet.com/politics/2005-10/18/content_3640318. htm.
新华网，2018. 中共中央国务院关于实施乡村振兴战略的意见[OL]. [2018-02-04]. http://www.xinhuanet.com/politics/2018-02/04/c_1122366449. htm.
新华网，2019. 中共中央国务院关于建立健全城乡融合发展体制机制和政策体系的意见[OL]. [2019-04-15]. http://www.xinhuanet.com/politics/2019-05/05/c_1124453512. htm.
徐从才，沈太基，1993. 论我国工农产品贸易条件及其完善——兼论我国工农业协调发展的对策[J]. 财贸经济(12)：45-51.
徐林，2017. 城市化制度改革应破除城乡二元体制[N]. 中国交通报，[2017-08-24].
徐庆，1996. 论中国经济的四元结构[J]. 经济研究(11)：60-65.
徐志明. 2018. 以城乡融合推动城乡建设高质量[J]. 群众(5)：43-44.
严嵬，任世存，赵宏，2011. 青海省新农合与城镇居民医疗保险制度衔接必要性分析[J]. 青海师范大学学报(哲学社会科学版)，33(4)：16-18.
颜培霞，2018. 产业融合推动城乡融合发展研究[J]. 改革与战略，34(11)：110-115.
颜如春，2012. 深化行政改革与构建统筹城乡发展的行政管理体系研究[J]. 探索(2)：72-75.
杨毅，2013. 巴中市统筹城乡发展研究[D]. 成都：四川农业大学.
姚洋，2011. 包容性增长避免陷入中等收入陷阱[J]. 人民论坛 (12)：64-65.
易伟忠，2017. 长三角城市群综合交通发展现状与展望[J]. 交通与运输(学术版)(2)：1-6.
袁晓梅，崔海潮，何磊，2012. 国外城乡一体化发展经验[J]. 世界农业(10)：100-102.
约翰·冯·杜能，2009. 孤立国同农业和国民经济的关系[M]. 吴衡康，译. 北京：商务印书馆.
张春玉，2007. 江苏工业结构升级研究[D]. 南京：南京航空航天大学.
张军扩，罗雨泽，宋荟柯，2019. 突破“制度高墙”与跨越“中等收入陷阱” 经验分析与理论研究结合视角[J]. 管理世界，35(11)：1-7，71，230.
张文彩，2018. 乡村振兴视阈下农村现代化的路径选择[J]. 农业经济(9)：29-31.
张英红，2002. 农民负担沉重的五大人为因素[J]. 改革与理论(3)：31-33.
张永山，2018. 城乡市场分割与商贸流通统筹模式选择[J]. 商业经济研究(18)：5-7.

张忠杰，2014. 江苏省构建新型工农、城乡关系的政策模拟研究[D]. 上海：上海财经大学.

章寿荣，周春芳，2010. 城乡一体化的国际经验[J]. 理论参考(12)：117-119.

赵健兵，吴平，郭华，等，2016. 秦巴山区一、二、三产业融合发展问题探讨[J]. 国土资源科技管理，33(4)：70-76.

赵明亮，2015. 新常态下中国产业协调发展路径——基于产业关联视角的研究[J]. 东岳论丛(2)：123-129.

赵思敏，2013. 秦巴山区城乡统筹发展的主要问题及对策——以安康市为例[J]. 地下水(2)：186-188.

赵英丽，2006. 城乡统筹规划的理论基础与内容分析[J]. 城市规划学刊(1)：32-38.

赵勇，1996. 城镇化：中国经济三元结构发展与转换的战略选择[J]. 经济研究(3)：63-68.

郑秉文，2011. 拉美城市化的教训与中国城市化的问题——“过度城市化”与“浅度城市化”的比较[J]. 国外理论动态（07)：46-51.

中共中央文献研究室，2013. 《毛泽东年谱(1949—1976)》第 2 卷[M]. 北京：中央文献出版社.

中国政府网，2005. 中共中央国务院关于推进社会主义新农村建设的若干意见[OL]. [2005-12-31]. http://www.gov.cn/gongbao/content/2006/content_254151. htm.

中青在线，2018. 理上网来·辉煌十九大. 城乡融合是带动乡村振兴的核心引擎[OL]. [2018-01-22]. http：//theory. cyol. com/content/2018-01/22/content_16888368. htm.

周悦，2018. 以“城乡融合”维护农村居民主体地位[OL]. [2018-05-01]. 中国社会科学网-中国社会科学报，http://news.cssn. cn/zx/bwyc/201805/t20180516_4252997_1. shtml.

朱若峰，1992. 论我国农业问题的症结与出路[J]. 中国农村经济(5)：11-16.

朱泽，2018. 以乡村振兴战略推进农业农村现代化. 人民网[OL]. [2018-07-06]. http://theory.people.com.cn/n1/2018/0706/c40531-30130052. html.

Christaller W，1933. Central Places in Southern German，1933[M]. Translated by CW Baskin，1966. London：Prentice Hall6.

Harris J R，Todaro M P，1970. Migration，unemployment and development：a two-sector analysis[J]. American Economic Review，60(1)：126-142.

Helsley R W，Strange W C，1990. Matching and agglomeration economies in a system of cities[J]. Regional Science & Urban Economics，20(2)：189-212.

Hirschman A，1958. The Strategy of Economic Development[M]. New Haven，CT：Yale University Press.

Krugman P，1991a. Increasing Returns and Economic geography[J]. Journal of Political Economy，99：483-499.

Krugman P，1991b. Geography and Trade[M]. Cambridge：MIT Press.

Lewis W A，1954. Economic development with unlimited supplies of labor [J]. The Manchester School，22(2)：139-191.

Lösch A，1940. The Economics of Location[M]. Jena，Germany：Fisher(English Translation，1954). New Haven，CT：Yale University Press.

Myrdal G，1957. Economic Theory and Underdeveloped Regions[M]. London：Duckworth.

Perroux F，1955. EconomicSpace：Theory and Applications[J]. Quarterly Journal of Econmics (1)：89-104.

Thünen J，1826. Der Isolierte Staat in Beziehung auf Landwirtschaft und Nationalökonomie[M]. English Translation by C. M. Wartenberg，1966. Hamburg Oxford：Pergamon Press.

Todaro M P，1970. Unemployment Two-Sector Analysis[J]. American Economic Review，60：126-142.

Weber A，1909 . Uber Den Standort Der Industrien，1. Teil[J]. Reine Theorie Des Standortes.

Williamson G，1965. Regional inequality and the process of national development：a description of the paterns[J]. Economic Development and Cultural Change，Vol. 13，No. 4，Part2：1-84.

附　　录

附表 1　2012～2018 年工农互促有效度综合评价得分

省(区、市)	2012 年	2013 年	2014 年	2015 年	2016 年	2017 年	2018 年
北京	0.2333	0.1985	0.1761	0.1601	0.1512	0.1613	0.1750
天津	0.2455	0.2251	0.2065	0.2063	0.2113	0.2039	0.1899
河北	0.2495	0.2548	0.2400	0.2483	0.2042	0.2142	0.2391
山西	0.1692	0.1768	0.1533	0.1575	0.1288	0.1386	0.2036
内蒙古	0.0860	0.0768	0.0737	0.0799	0.0726	0.0833	0.0904
辽宁	0.1358	0.1274	0.1208	0.1171	0.1379	0.1119	0.1540
吉林	0.1053	0.1145	0.1034	0.0893	0.0778	0.0833	0.1131
黑龙江	0.1301	0.1441	0.1116	0.1167	0.1125	0.1058	0.1261
上海	0.1287	0.1293	0.1199	0.1253	0.1381	0.1264	0.1378
江苏	0.1700	0.1556	0.1578	0.1748	0.2060	0.1979	0.2231
浙江	0.2065	0.1890	0.1759	0.1828	0.1957	0.1834	0.1954
安徽	0.1849	0.1912	0.1649	0.1775	0.2148	0.1807	0.2062
福建	0.1838	0.1842	0.1685	0.1761	0.2007	0.1788	0.2000
江西	0.2261	0.1108	0.1083	0.1274	0.1336	0.1303	0.1516
山东	0.2958	0.2987	0.2771	0.2831	0.2603	0.2562	0.2815
河南	0.2294	0.2246	0.2062	0.2223	0.2259	0.2063	0.2238
湖北	0.1519	0.1500	0.1428	0.1487	0.1665	0.1657	0.1857
湖南	0.2135	0.2157	0.1981	0.2179	0.2688	0.2617	0.2939
广东	0.1954	0.1850	0.1709	0.1801	0.1858	0.1856	0.2011
广西	0.1689	0.1742	0.1505	0.1672	0.1807	0.1746	0.1893
海南	0.1435	0.1401	0.1399	0.1367	0.1872	0.1644	0.1499
重庆	0.0758	0.0723	0.0649	0.0778	0.0870	0.0819	0.1061
四川	0.1144	0.1097	0.0905	0.1063	0.1076	0.1073	0.1354
贵州	0.1401	0.1300	0.0911	0.1225	0.1190	0.0994	0.1438
云南	0.1354	0.1343	0.0960	0.1037	0.1195	0.1920	0.1180
西藏	0.2421	0.2461	0.2482	0.2704	0.3141	0.3464	0.3724
陕西	0.1657	0.1560	0.1277	0.1259	0.1224	0.1309	0.1815
甘肃	0.1299	0.1313	0.1195	0.1355	0.1203	0.1478	0.1814
青海	0.1284	0.1216	0.0921	0.1003	0.1131	0.1200	0.1237
宁夏	0.1584	0.1662	0.1334	0.1297	0.1252	0.0947	0.1376
新疆	0.1966	0.1774	0.1451	0.1407	0.1840	0.1719	0.2078

附表 2　2012～2018 年城乡发展协调度综合评价得分

省(区、市)	2012 年	2013 年	2014 年	2015 年	2016 年	2017 年	2018 年
北京	0.3711	0.3297	0.3283	0.3325	0.2666	0.3115	0.3342
天津	0.2924	0.3123	0.3302	0.3251	0.3055	0.3186	0.2927
河北	0.3075	0.2926	0.2721	0.3046	0.2732	0.2603	0.2550
山西	0.3173	0.2726	0.2858	0.2811	0.2372	0.3264	0.2817
内蒙古	0.2276	0.2208	0.2521	0.2944	0.2692	0.2630	0.2498
辽宁	0.2879	0.2865	0.3016	0.3523	0.4130	0.3710	0.3649
吉林	0.3411	0.3061	0.3201	0.3211	0.2747	0.2773	0.2507
黑龙江	0.3936	0.3832	0.3769	0.4212	0.3250	0.2969	0.2837
上海	0.2327	0.2095	0.1842	0.1698	0.1737	0.1913	0.1641
江苏	0.3306	0.3016	0.2868	0.2814	0.2733	0.2597	0.2675
浙江	0.4235	0.4130	0.4143	0.4260	0.3394	0.3277	0.3838
安徽	0.2883	0.2817	0.3010	0.3099	0.2598	0.2473	0.2605
福建	0.2890	0.2761	0.2963	0.3131	0.2694	0.2503	0.2404
江西	0.3200	0.3026	0.3082	0.2989	0.2466	0.2287	0.2338
山东	0.3489	0.3240	0.3218	0.3298	0.2911	0.2810	0.2744
河南	0.3084	0.3016	0.2883	0.2921	0.2716	0.2351	0.2036
湖北	0.3411	0.3555	0.3446	0.3605	0.3147	0.2984	0.2845
湖南	0.2861	0.2885	0.2884	0.3156	0.2617	0.2351	0.2304
广东	0.3209	0.3218	0.2877	0.2770	0.2327	0.2078	0.2242
广西	0.2774	0.2984	0.3224	0.3256	0.2899	0.2857	0.2809
海南	0.3229	0.3020	0.2812	0.3139	0.2934	0.2496	0.2239
重庆	0.2647	0.2632	0.2502	0.2521	0.2239	0.2136	0.2255
四川	0.2552	0.2682	0.2799	0.2843	0.2585	0.2525	0.2573
贵州	0.1859	0.2154	0.1925	0.2207	0.2169	0.1587	0.1796
云南	0.2081	0.2229	0.2361	0.2509	0.2121	0.2013	0.2108
西藏	0.1316	0.1273	0.0856	0.1104	0.0943	0.1045	0.1896
陕西	0.3160	0.3048	0.2499	0.2931	0.2724	0.2741	0.2597
甘肃	0.2178	0.2381	0.2315	0.2322	0.2032	0.2092	0.2336
青海	0.3216	0.3124	0.2683	0.2337	0.2254	0.1797	0.2018
宁夏	0.3044	0.3161	0.3013	0.3152	0.2710	0.2928	0.3090
新疆	0.3345	0.3319	0.2966	0.2585	0.2436	0.2113	0.2360

附表3　2012～2018年工农系统与城乡系统耦合度

省(区、市)	2012年	2013年	2014年	2015年	2016年	2017年	2018年
北京	0.9737	0.9687	0.9534	0.9368	0.9611	0.9482	0.9498
天津	0.9962	0.9867	0.9731	0.9747	0.9832	0.9756	0.9771
河北	0.9946	0.9976	0.9980	0.9948	0.9895	0.9953	0.9995
山西	0.9525	0.9770	0.9534	0.9595	0.9552	0.9148	0.9870
内蒙古	0.8921	0.8751	0.8367	0.8196	0.8181	0.8549	0.8835
辽宁	0.9333	0.9231	0.9038	0.8654	0.8664	0.8439	0.9137
吉林	0.8491	0.8902	0.8593	0.8251	0.8294	0.8428	0.9257
黑龙江	0.8641	0.8912	0.8396	0.8244	0.8741	0.8803	0.9231
上海	0.9577	0.9715	0.9774	0.9886	0.9935	0.9790	0.9962
江苏	0.9471	0.9476	0.9570	0.9723	0.9901	0.9908	0.9959
浙江	0.9388	0.9282	0.9148	0.9168	0.9632	0.9593	0.9457
安徽	0.9758	0.9815	0.9564	0.9624	0.9955	0.9878	0.9932
福建	0.9749	0.9799	0.9615	0.9600	0.9892	0.9860	0.9958
江西	0.9851	0.8858	0.8773	0.9155	0.9548	0.9617	0.9770
山东	0.9966	0.9992	0.9972	0.9971	0.9984	0.9989	0.9999
河南	0.9891	0.9892	0.9861	0.9907	0.9958	0.9979	0.9989
湖北	0.9234	0.9136	0.9102	0.9094	0.9514	0.9582	0.9777
湖南	0.9894	0.9895	0.9826	0.9831	0.9999	0.9986	0.9926
广东	0.9700	0.9629	0.9670	0.9773	0.9937	0.9984	0.9985
广西	0.9700	0.9649	0.9316	0.9469	0.9727	0.9704	0.9809
海南	0.9230	0.9306	0.9421	0.9194	0.9753	0.9786	0.9802
重庆	0.8321	0.8225	0.8089	0.8490	0.8978	0.8952	0.9329
四川	0.9247	0.9078	0.8594	0.8902	0.9110	0.9150	0.9506
贵州	0.9901	0.9689	0.9339	0.9582	0.9566	0.9732	0.9938
云南	0.9773	0.9688	0.9066	0.9098	0.9602	0.9997	0.9593
西藏	0.9553	0.9481	0.8733	0.9074	0.8428	0.8439	0.9456
陕西	0.9501	0.9464	0.9462	0.9170	0.9251	0.9354	0.9842
甘肃	0.9675	0.9573	0.9477	0.9648	0.9666	0.9851	0.9921
青海	0.9032	0.8982	0.8722	0.9167	0.9434	0.9800	0.9708
宁夏	0.9489	0.9505	0.9225	0.9089	0.9299	0.8596	0.9234
新疆	0.9657	0.9529	0.9393	0.9555	0.9902	0.9947	0.9980

后　　记

本书是国家社科基金项目《新型工农城乡关系统筹构建研究》(13BJL060)的最终成果。项目获准立项后，课题组按照全国哲学社会科学工作办公室的要求，把精品意识贯彻始终，扎实开展理论研究和实践调查，最终形成了基于实地调查、座谈访谈、分析讨论的十余万字课题研究报告。课题组成员还以阶段性成果的形式在CSSCI期刊公开发表论文十余篇。

本书能够顺利结项与顺利出版，衷心感谢全国哲学社会科学工作办公室的悉心指导和慷慨资助。诚挚感谢四川大学和经济学院在研究开展中给予的大力指导和热情支持。

特别感谢杜肯堂教授、邓玲教授两位导师对我学术生涯的指点和学术研究的指导。感谢陈耀教授、杨开忠教授、魏后凯教授、肖金成教授、张可云教授、李国平教授、张学良教授、宋彦教授、杨继瑞教授、丁任重教授、盛毅教授、戴宾教授、张衔教授、蒋和胜教授、朱方明教授、张红伟教授、蒋永穆教授、邓翔教授等前辈和专家的关心和帮助。感谢保建云教授、黄寰教授、叶文辉教授等优秀中青年学者的支持和帮助。你们对课题研究和成果的热诚宽厚的肯定和高屋建瓴的指导，正是本研究得以顺利进行和本书能够顺利出版的重要动力。

真诚感谢自始至终参与课题申报、调研、写作、修改、完善与书稿修订的课题组成员，感谢他们为课题研究成果出版作出的卓越贡献。曹萍、黄勤、张彤、迟梦筠、陈继宁等作为课题组成员参与了课题前期讨论，博士研究生陈说、熊玲、余川江、李源、邹冬寒，以及硕士研究生杨福灵、林久人、许修齐、白佳琦等参加了课题调研与资料搜集与整理。参与资料搜集、整理和书稿校对的人员还有贺培科、邓睦军、王莉、王婧、郭帅新、周慧琳、龚剑、彭亚金、罗宸等博硕士研究生。

还要特别感谢我的家人给予我教学和科研的无私支持，尤其在枯燥科研之余，思维活跃的儿子龚尔焯带给我的精神调剂。

科学出版社领导和编辑的大力支持和帮助，特别是责任编辑莫永国先生的敬业精神和出色工作使本书得以顺利出版。

本书在课题研究成果基础上，结合新时代新特点新要求又做了大量的修改和完善。由于本人水平和研究视野的局限，本书还存在诸多不足与缺陷，请学界同仁批评指正。与此同时，本书也参考借鉴了不少同行专家的研究成果，这些成果给我们提供了丰富的营养，在此一并表示感谢！尽管我们严格遵循学术规范，但难免百密一疏，如果引用了您的观点而疏忽了注释，深表歉意，恳请谅解并请批评指正。

龚勤林

2021年8月28